ILONA EINWOHLT
BARBARA JUNG

BOYS!
WAS COOLE JUNGEN WISSEN MÜSSEN

SAUERLÄNDER

INHALT

PUBERTÄT UND KÖRPER 4

VON WEGEN HIRNI 6
VOLL DER SCHUSS 8
MOTIVIERE DICH 10
GUT ESSEN, GUT WACHSEN 12
PICKEL – SO WHAT? 14
GANZ SCHÖN HAARIG! 16
VON WEGEN MÜFFELBÜFFEL 19
DEINE STIMME ZÄHLT! 21
VOLLE MANNESKRAFT VORAUS 22
PUBERTÄTSNOTFALLPLAN 24
SO IST DAS BEI DEN MÄDCHEN 25

FREUNDE UND FAMILIE 28

JUNGS 2.0 30
ELTERNKIND 32
JUNGS UNTER SICH 34
BESTER KUMPEL 36
SEI DU SELBST 38
SPASSKLOPPE 40
FAIR STREITEN 42
NO-GO: CYBERMOBBING 44
VON WEGEN MEDIENSÜCHTIG 46

LIEBE UND GEFÜHLE 48

ECHTE GEFÜHLE 50
TOTAL WÜTEND 52
VOLL VERLIEBT 54
DATINGKING 56
WIE GEHT KÜSSEN? 58
ALLES LIEBE 60
WER LIEBT WEN? 62
WER BIN ICH? 64

SEX UND INTIMITÄT 66

DEIN PENIS 68
SCHÖN GETRÄUMT 70
DER ORGASMUS 72
PORNO UND FANTASIEN 74
SOLOSEX 76
NEIN HEIßT NEIN 78
KLEINE SPIELCHEN ODER: PETTING 80
MITEINANDER SCHLAFEN 81
DAS KONDOM 84
DIE PILLE 87
SO ENTSTEHT EIN BABY 90

SCHON ZU ENDE? 92

Ich habe Stress in der Schule.

Meine Eltern nerven total!

PUBERTÄT UND KÖRPER

KOMMEN DIR DIESE AUSSAGEN BEKANNT VOR?

Ich habe häufig schlechte Laune und weiß nicht, wieso.

Auf meiner Nase leuchtet ein Pickel.

Niemand versteht mich.

In letzter Zeit schwitze ich stark und rieche anders.

Ich vergesse ständig etwas.

Ich finde es peinlich, wenn sich die Charaktere im Film küssen.

Ich habe mein erstes Schamhaar entdeckt.

Ich träume oft vor mich hin.

Mir wachsen bereits Barthaare.

Manchmal könnte ich die ganze Welt umarmen.

Mein Penis macht, was er will.

Meine Klamotten von letztem Jahr passen mir nicht mehr.

Am liebsten würde ich ganz viel schlafen.

Ich weiß nicht, wo ich hingehöre.

Wenn du denkst, der kleine Unterschied zu Mädchen liegt an dem Ding
zwischen deinen Beinen, dann hast du dich getäuscht! Und auch nicht an
den 30 % mehr Muskeln, die du besitzt. In Wahrheit liegt es nämlich an
dem **Hormon Testosteron, das dich zum Mann macht**. Mit allem Drum und
Dran! Das fängt schon an, wenn du auf die Welt kommst: Männliche Babys
haben deutlich mehr von diesem Sexualhormon im Körper als Mädchen.
Es wird in den Hoden gebildet und sorgt dafür, dass Jungs von klein auf
einen kräftigen, muskulösen Körperbau entwickeln und mehr an Action und
Spannung interessiert sind. Später in der Pubertät dann entwickeln sich die
Geschlechtsorgane (Penis, Hoden) und Geschlechtsmerkmale (Stimmbruch,
Bartwuchs, Schamhaare).

TIPP

(K)ein Plan?!

Biologische Voraussetzungen sind eine Sache. Wichtig ist, was du draus machst! Und du hast alles, um ein großartiger, starker, gefühlvoller Typ zu werden.

Auch im Gehirn bewirkt Testosteron einiges. Es lässt deine linke Gehirnhälfte schneller wachsen – dort, wo logisches, räumliches und praktisches Denken angesiedelt ist. Die rechte Gehirnhälfte, von der Kreativität und Gefühle ausgehen, bleibt dagegen etwas kleiner.

In der Pubertät ist dein Gehirn eine einzige Baustelle!
Das hast du wahrscheinlich längst gemerkt: Du bist gereizter, müder, vergesslicher als sonst. Du hast schlechte Laune, grundlos, einfach so. Oder du könntest fliegen vor Glück. Und denkst überhaupt nicht weiter nach, sondern machst einfach, was dir in den Sinn kommt, Mutproben, volle Kanne Risiko. Was dir – und deinem Umfeld – manchmal das Leben so schwer macht, ist ein genialer Trick deines Körpers: Dein Gehirn prüft, ob es das bisher Gelernte gebrauchen kann oder nicht, verstärkt genutzte Verbindungen, verknüpft die Nervenzellen (= Synapsen) neu – und legt alles still, was ihm überflüssig erscheint. Bis sich das alles wieder sortiert hat, deine Hirnareale vernünftig miteinander arbeiten und **du vernünftig und erwachsen denken und handeln kannst**, vergeht einige Zeit, in der du wenig Kontrolle über deine Impulse hast. Es sei denn, du achtest darauf, weil du jetzt weißt, was mit dir los ist.

HORMONE !

VOLL DER SCHUSS

Hormone spielen im menschlichen Körper eine wichtige Rolle, dein ganzes Leben lang. Die biochemischen Botenstoffe werden von verschiedenen Drüsen im Körper gebildet und ausgesendet. Hormone sorgen dafür, dass du gute Laune hast (Dopamin), deine Geschlechtsorgane wachsen (Testosteron), deine Energiereserven mobilisierst (Adrenalin), schlafen kannst (Serotonin, Melatonin), gut verdaust (Insulin, Thyroxin), dich verliebst (Oxytocin) und Lust auf Sex hast (Testosteron).

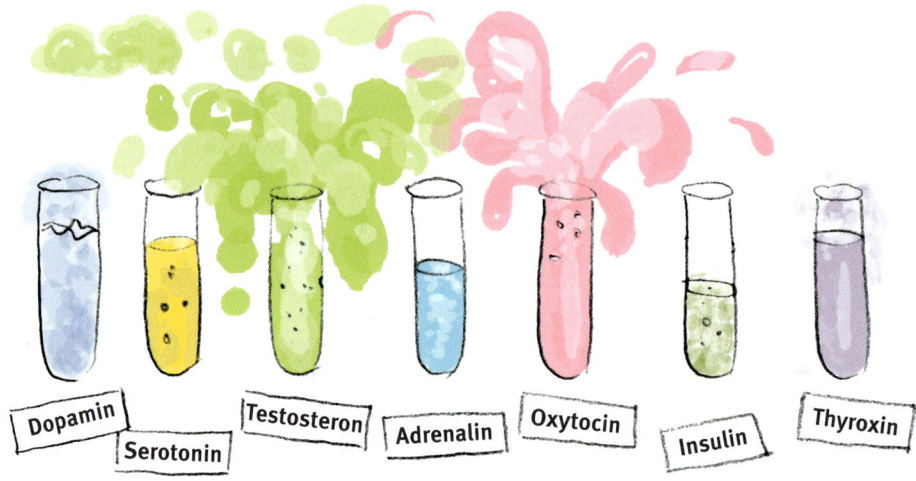

Dopamin Serotonin Testosteron Adrenalin Oxytocin Insulin Thyroxin

Während der Pubertät kann ein Junge einen „Schuss" von bis zu 12 Zentimetern im Jahr machen. Das ist ganz schön viel! Deswegen ist es auch wichtig, dich in dieser Zeit gut zu ernähren und auf die Gesundheit zu achten.

> **INFO**
>
> Bei Mädchen lässt unter anderem das Weiblichkeitshormon **ÖSTROGEN** die Eierstöcke und Brüste wachsen. Auch im Mädchenkörper wird Testosteron gebildet.

Opa

Papa

ich

TIPP

Bitte lächeln!

Guck dir mit deinem Vater gemeinsam Bilder aus seiner Teenie-Zeit an! Garantiert war er auch so ein süßer Schlacks wie du! Und wie hat dein Opa damals ausgesehen? Was hast du von wem geerbt?

Gleichzeitig verändert sich der Muskelanteil in deinem Körper, die Knochenmasse nimmt zu und du bekommst kräftige Schultern sowie einen breiteren Brustkorb. Weil die verschiedenen Körperteile sich in einem unterschiedlichen Tempo verändern, dauert es ein paar Jahre, **bis sich die Proportionen wieder ausgeglichen haben und du dich nicht mehr wie ein schlaksiger Lauch fühlst.**

Viele Jungs hätten gerne einen muskelstarken Körper. Oder wären gern so fit und durchtrainiert wie ein Fußballstar! Aber was tun, wenn du eher der Typ Spargeltarzan bist? Ständig schlapp bist und aus der Puste kommst?

Oder du das Gefühl hast, bei dir tut sich nichts, weil du immer noch so klein bist? Ganz einfach: Nichts. Abwarten. **Jeder Junge hat sein ganz persönliches, individuelles Entwicklungsprogramm.** Der eine startet früher, der andere später, der eine ist kräftiger, der andere schmaler gebaut. Spätestens mit 20 ist dein Körper ausgewachsen.

MOTIVIERE DICH

Wenn du nicht zufrieden bist, weil du männlicher wirken willst: **Komm in die Sportschuhe!** Denn Sport kann deinen Testosteronspiegel und dein Selbstbewusstsein steigern! So aktivierst du nicht nur deinen Bartwuchs, sondern trainierst deine Muskeln und Ausdauer.

Außerdem tankst du Sonne und frische Luft – gut für die Vitamin-D-Produktion und deinen Stoffwechsel. Bewegung ist für alle Zellen ein wichtiges Zeichen: Achtung, hier tut sich was! **Das Leben ist Action und Veränderung!** Und darauf kommt es an.

SPORT ...

INFO

... bringt dir ein gutes Körpergefühl und Körperbeherrschung.
... sorgt für Selbstbewusstsein und Selbstvertrauen.
... bildet deine Persönlichkeit und deine Ausstrahlung.
... kanalisiert Aggressionen und Kräfte.
... bringt dir Kraft und Ausdauer.
... verschafft dir innere wie äußerliche gute Haltung.
... fördert Gleichgewichtssinn, Geschicklichkeit und Reaktionsfähigkeit.
... hält dich fit und gesund.

TIPP

Dein Sport

Egal, ob du lieber für dich alleine trainierst oder ein Teamplayer bist, ob du lieber Ruhe und Entspannung suchst oder Spaß & Action – bestimmt ist hier eine Sportart dabei, die zu dir passt.

Eher für Einzelkämpfernaturen: Leichtathletik, Boxen, Tennis, Fechten, Golf, Schwimmen, Judo ...

Eher für Teamplayer: Fußball, Hockey, Handball, Volleyball, Basketball ...

Eher für Entspannungstypen: Yoga, Angeln, Voltigieren, Tanzen ...

Bevor du gleich losflitzt und zu Iron Man mutierst, relax! **Vielleicht reicht es für den Anfang, statt den Fahrstuhl einfach mal die Treppen zu nehmen und mit dem Fahrrad unterwegs zu sein.** Erst wenn du fünf Stockwerke schaffst, ohne aus der Puste zu kommen, kannst du dir Hanteln holen und deine Muskeln stählen, täglich auf dem Fußballplatz trainieren oder endlose Bahnen schwimmen. Solange du dich in der Wachstumsphase befindest, ist es nicht ratsam, reines Muskeltraining zu absolvieren. Besser ist es, wenn du dir eine Sportart aussuchst, die dir Spaß macht und deinen gesamten Organismus in Bewegung bringt. Ob im Team oder alleine, ob mit oder ohne Geräte. Mach dir klar: Spitzensportler trainieren mehrere Stunden täglich, um ihren Körper fit und in Form zu halten. Es ist ihr Beruf!

GUT ESSEN, GUT WACHSEN

So lecker Pizza, Döner & Burger sind, sie machen träge und unbeweglich.
Fast Food und industriell gefertigte Lebensmittel haben für einen jungen
Körper viel zu viele unverwertbare Fette und Kohlehydrate an Bord.
Softdrinks sind riesige Zuckerbomben und eher Süßigkeit als Durstlöscher … Es ist okay, in Maßen zu genießen, wenn man für einen leckeren
und gesunden Ausgleich sorgt. Dann bleibst du fit und gesund und bist
nicht dauermüde!

INFO

KOHLEHYDRATE liefern Energie, enthalten in Brot, Reis, Nudeln,
Getreide. Achte auf Vollkornprodukte.

VITAMINE, MINERALIEN UND BALLASTSTOFFE stärken dein
Immunsystem; sind enthalten in frischem Obst und Gemüse.

PROTEINE brauchst du zum Muskelaufbau und Wachstum; sind enthalten in Fleisch,
Fisch und Eiern, aber auch in Joghurt und Käse.

(TIERISCHE) EIWEISSE UND EISEN sind wichtig für deine gesunde, körperliche
Entwicklung – aber nur, wenn sie nicht aus Massentierhaltung stammen; sind enthalten in Fleisch und rotem Gemüse.

TIPP

Bananen-
Eiweißshake

Zerdrücke eine Banane und
vermische sie mit 150 g Magerquark.
Dann mit 400 ml Milch verquirlen
(Pürierstab oder Mixer), mit einem
Esslöffel Honig und 3 Esslöffeln
geraspelten Mandeln
abschmecken.

GESUND DURCH DEN TAG

Studentenfutter – spendet Power für deine Gehirnzellen!

Äpfel, Orangen, Kiwi – irgendeine Lieblingsobstsorte hast du bestimmt!

Multivitaminsaft oder Smoothie – ein Glas täglich!

Gemüsesticks – Paprika, Gurke, Möhre … all you can eat!

Wasser – ausreichend trinken;
wenn du viel Sport machst, umso mehr!

Kokoswasser – Sportlerdrink und
Durstlöscher in einem!

COUCH-POTATO

TIPP

Denk dran:

Vor dem Bildschirm herumsitzen oder stundenlang büffeln verbraucht keine zusätzlichen Kalorien.

PICKEL - SO WHAT?

Solange deine Hormone Achterbahn fahren, so lange ist auch deine Haut in Aufruhr. Mitesser, kleine und große Pickel zeigen sich im Gesicht und auf dem Rücken, manchmal können sie sich auch fies entzünden und eitrige Pusteln bilden. Dann spricht man von Akne.

Wenn die Poren verstopft sind und das Hautfett nicht mehr abfließen kann, bilden sich Pickel. Normalerweise sorgen die Talgdrüsen dafür, dass die Haut weich und geschmeidig bleibt. Während der Pubertät produzieren die Talgdrüsen jedoch oft mehr Fett, wodurch die obere Hautschicht schnell verstopft und verhornt – ein Pickel entsteht. Sammeln sich dann noch Bakterien, kann er sich entzünden und sich Eiter bilden. Meistens heilen die Pickel von alleine ab. Also niemals daran rumquetschen oder versuchen, sie auszudrücken, das macht die Sache nur noch schlimmer.

TIPP

Reine Haut(sache)
Pflege deine Haut bzw. Pickel, damit du nicht wie leuchtender Streuselkuchen herumlaufen musst! Wenn du dir unsicher bist, lass dich in der Apotheke oder vom Hautarzt beraten.

TIPP

Pickel sprießen ...
... vor allem bei Stress, Rauchen, Bewegungsmangel, Alkohol, Fertiggerichten und zuckerhaltigen Lebensmitteln.

TIPP

Pickel hassen ...
... Sauberkeit und regelmäßige Hygiene, also Gesichtsreinigung mit speziellen Pflegeprodukten, betupfen mit Teebaumöl und Anwendungen von Heilerde.

TIPP

Hefemaske
Löse einen Würfel frischer Hefe in fünf Esslöffeln lauwarmer Milch auf und verrühre alles zu einem streichfähigen Brei, den du anschließend großzügig auf dein Gesicht aufträgst. Nach dem Trocknen mit lauwarmem Wasser abwaschen. Hefe regt die Durchblutung der Haut an und wirkt ausgleichend. Einmal pro Woche!

INFO

PUBERTÄTSAKNE sind eitrige, entzündliche Pusteln im Gesicht und am Rücken. In diesem Fall kann dir ein Hautarzt helfen und dir entsprechende Salben und Medikamente verschreiben.

MITESSER (Komedone) sind erweiterte Haarfollikel, die mit Talg, Keratin und Bakterien gefüllt sind. Meistens findest du die „Fresser" auf Nase, Kinn und Rücken. Sie sind schwarz, weil der Talg an der Hautoberfläche oxidiert ist.

FLACHWARZEN sind lästig, ansteckend und treten häufig während der Pubertät an Gesicht, Handrücken und Unterarmen auf. Meistens verschwinden sie nach ein bis zwei Jahren von selbst, weil sich das Immunsystem stabilisiert hat. Aber wenn sie zu arg stören, kannst du sie vom Hautarzt entfernen lassen.

ABZESSE UND FURUNKEL sind eitrige Hautentzündungen, die unbedingt in ärztliche Behandlung gehören.

STEISSBEINFISTELN sind eine entzündliche Erkrankung in der Gesäßfalte, verursacht durch einwachsende Haare. Auch wenns super unangenehm ist: Ab zum Arzt!

GANZ SCHÖN HAARIG!

Während der Pubertät verändert sich deine Körperbehaarung. Das Gen für unser Haarkleid stammt noch aus der Zeit, als wir alle ohne Kleidung herumliefen und es keine Heizung gab. Je nach Veranlagung hast du unterschiedlich farbige und dicke Haare. Zuerst sprießen deine **Schamhaare,** dann die unter den Achseln, bei dem einen mehr, bei dem anderen weniger. Auch die Haare an deinen Beinen werden härter und dunkler. Im Schambereich sorgt die Behaarung dafür, dass dein Penis vor Keimen geschützt ist und beim Geschlechtsverkehr nichts reibt.

Achselhaare haben eine besondere Funktion: Sie nehmen Schweiß (siehe Seite 19/20) auf und helfen damit, den Körper zu kühlen. Außerdem transportieren sie Sexuallockstoffe (Pheromone) und verhindern die Abreibung der Haut in den Achselhöhlen. Wenn sie dir zu lang sind, trimme sie einfach mit der Schere.

TiPP

Apfelessigspülung

0,2 Liter Apfelessig mit 1,0 Liter lauwarmem Wasser in eine verschließbare Flasche füllen, gut vermischen und nach dem Haarewaschen mit den Fingerspitzen in Haare und Kopfhaut einmassieren. Nicht ausspülen! Der säuerliche Geruch verflüchtigt sich bald.

Vermehrte Talgdrüsenproduktion = fettige Haut = fettige Haare. Klingt logisch, oder? Auch hier ist regelmäßige Pflege angesagt. Wasche deine Haare täglich mit einem milden Shampoo und gönne ihnen einmal pro Woche eine Haarmaske oder -spülung. Achte darauf, dass du deine Haare nicht „überpflegst" und dein Taschengeld nicht unnötig in Pflegeprodukte investierst.

Meistens zeigen sich deine ersten Barthaare als zarter Flaum erst an der Wange, Oberlippe, später dann am Kinn. Und was die einen cool und männlich finden, würden die anderen sofort gerne wieder abrasieren. Ob und wie stark der Bart bei dir wächst, ist bei jedem anders. **Bartwuchs wird durch Rasieren nicht verstärkt!**

FUN FACTS:

Wenn sich ein Mann nie rasiert und die Haare nicht ausfallen würden, hätte er am Ende seines Lebens einen Bart von neun Metern Länge!

Männliche Barthaare sind so stark wie Kupferdraht!

Barthaare wachsen circa 0,5 Millimeter in 24 Stunden, auch nachts.

TIPP

Hilfe!

Es kann passieren, dass ein Barthaar einwächst und sich entzündet. Ziehe es vorsichtig mit einer sauberen Pinzette heraus und desinfiziere die Stelle gründlich.

FORTSETZUNG AUF DER NÄCHSTEN SEITE

17

NASSRASIEREN – SO GEHT'S:

▶ Eine Nassrasur startest du am besten nach einer langen Dusche, dann sind Haut und Haare schön weich. ▶ Verteile Rasierschaum großzügig auf deinem Gesicht und lass ihn eine Weile einwirken (in der Zwischenzeit kannst du Zähne putzen). ▶ Erst den Hals rasieren, dann die Wangen und zum Schluss Oberlippe und Kinn (bei der Trockenrasur die gleiche Reihenfolge). ▶ Ziehe die Haut gegen die Rasurrichtung, dann richten sich die Härchen auf und lassen sich tiefer kappen. Zudem können die Klingen dann besser gleiten. ▶ Ob du mit dem oder gegen den Strich rasierst, ist Geschmacks- und Hautsache. ▶ Säubere die Klinge während der Rasur immer wieder mit warmem Wasser. ▶ Nach der Rasur trägst du je nach Hauttyp eine klärende oder feuchtigkeitsspendende Lotion auf. ▶ Hinterher alles säubern. Achte regelmäßig auf neue, scharfe Klingen. Achtung, Verletzungsgefahr!

TIPP

Aftershave
Ist nach dem Rasieren Pflicht! Damit desinfizierst du mögliche Hautverletzungen. Suche dir einen Duft, der zu dir passt. Oder creme dich mit einem entsprechendem Pflegebalsam ein.

Trockenrasur
Ein Trockenrasierer ist bequem und einfach in der Handhabung, vor allem wenn du einen starken Bartwuchs hast und täglich ranmusst. Es gibt viele gute Geräte im Elektrofachhandel.

VON WEGEN MÜFFELBÜFFEL

Schwitzen ist eine natürliche Körperfunktion. Bis zu zwei Liter Wasser täglich gibt unsere Haut über die unzähligen Schweiß-drüsen ab, meistens während du schläfst. Aber auch bei Hitze, Sport oder Fieber hilft der Schweiß, deine Körpertemperatur zu regulieren. Wenn du übermäßig viel und scheinbar grundlos schwitzt, lass dich von einem Arzt beraten. Manchmal sind Hormone dafür verantwortlich, manchmal aber auch Stress und Angst oder bestimmte Medikamente, die du regelmäßig einnehmen musst. Klar ist (auch wenn du es nicht mehr lesen magst): **Während der Pubertät ist übermäßiges Schwitzen ganz normal!**

Frischer Schweiß riecht nicht! Erst beim Verbleib auf der Haut und durch das Zersetzen durch Bakterien entstehen die unangenehmen Gerüche. Deos verhin-dern nicht das Schwitzen, sondern sorgen für einen frischen Geruch. Such dir einen schönen Duft in der Drogerie oder Parfümerie und habe das Deo in deinem Rucksack mit, um gewappnet zu sein, wenn du das Gefühl hast, zu müffeln. Bestimmte Produkte mit Alu-

miniumsalzen, sogenannte Antitranspirantien, „verschließen" die Schweißdrüsen und mindern damit die Schweißbildung, sind aber gesundheitlich bedenklich. Bevor du dich wegen übermäßigen Schwitzens ausgegrenzt fühlst und dir blöde Sprüche anhören musst, sprich besser mit einem Arzt.

FORTSETZUNG AUF DER NÄCHSTEN SEITE

Jeder Achselschweißgeruch riecht anders! Durch die sogenannten apokrinen Drüsen werden Lockstoffe ausgesandt. Diese „Duftdrüsen" sitzen insbesondere in der Achselhöhle, im Genitalbereich und an den Brustwarzen, arbeiten aber erst ab der Pubertät und der Geschlechtsreife. Wenn du also jemanden gut riechen kannst, ist das ein gutes Zeichen.

TIPP

Tipps gegen das Schwitzen I

★ Meide schweißtreibende Lebensmittel wie Kaffee, schwarzen Tee, Alkohol und scharfe Gewürze. ★ Wechsle mehrmals täglich das T-Shirt und wasche dich zwischendurch. ★ Trage nach Möglichkeit Kleidung aus Baumwolle; Polyester & Co verstärken den Schweißgeruch.

TIPP

Tipps gegen das Schwitzen II

★ Trinke ausreichend, am besten Fruchtschorlen und Wasser. ★ Schau in der Drogerie nach geruchshemmenden Einlagen und Strümpfen, um Käsefüße zu vermeiden. ★ Ob Füße, Po-Ritze oder Achseln, regelmäßige Spülungen mit Salbeitee reduzieren die Schweißproduktion.

DEINE STIMME ZÄHLT!

Die meisten Männer haben einen ausgeprägten Adamsapfel. Das ist der sichtbare Teil am Kehlkopf, der sich etwa mit Einsetzen des Stimmbruchs bei Jungs etwa ab dem 14. Lebensjahr vergrößert. Durch die hormonelle Veränderung im Körper gibt es hier einen richtigen Wachstumsschub.

Sicht auf die geschlossenen Stimmbänder von oben

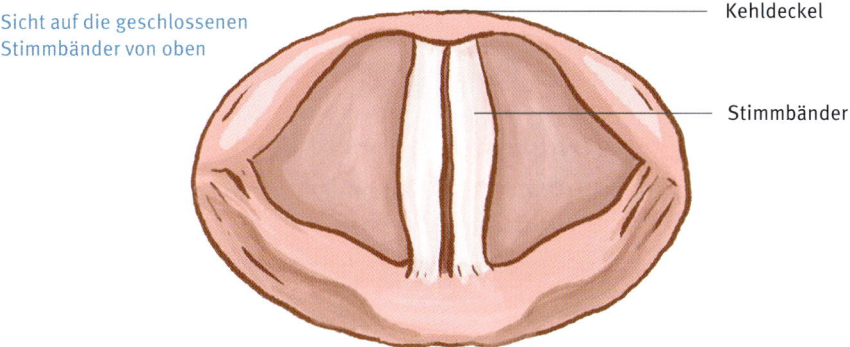

Kehldeckel

Stimmbänder

Im vorderen Halsbereich, genau im Übergang von Rachen zu Luftröhre, sitzt der Kehlkopf, durch den deine Stimmbänder verlaufen. Sie werden beim Singen und Sprechen durch das Ausatmen in Schwingung versetzt und je nach Spannung und Länge klingt deine Stimme dann höher oder tiefer. Während der Pubertät werden die Stimmbänder breiter und länger, dein Hals wächst und alles „rutscht" ein Stück tiefer in den Brustkorb als künftigen Resonanzraum.

Deine Stimmbänder wachsen um die doppelte Länge und beim ausgewachsenen Mann sind sie dann etwa zwei Zentimeter lang. Das passiert nicht von jetzt auf gleich und dauert etwa ein halbes Jahr. Da die Stimmbänder nicht gleichzeitig wachsen, klingt deine Stimme vorübergehend etwas quietschig und pendelt zwischen Jungs- und Männerstimme hin und her: Du krächzt und klingst heiser. Erst im Alter von etwa 25 ist die männliche Stimme ausgereift, zwei Drittel aller Männer haben dann eine Bass-/Baritonstimme. Die männliche Stimme klingt dann eine Oktave tiefer als vor der Pubertät.

Du hast von Geburt an alles, was du als künftiger Mann brauchst. Jetzt, während der Pubertät, reifen deine Geschlechtsorgane: Penis und Hoden werden größer und nehmen ihre natürliche Funktion auf. Etwa um das 18. Lebensjahr herum sind sie ausgewachsen.

So kennst du ihn: **Dein Penis ist wie ein weiches, schlaffes Rohr, das sich bei sexueller Erregung versteift und aufrichtet.** Im Penisschaft befinden sich sogenannte Schwellkörperstränge, die dann in Aktion treten und dafür sorgen, dass dein Penis fast so hart wie ein Knochen wird. Wenn die Erregung abklingt, wird auch der Penis wieder weich.

Vorne an der Spitze befindet sich die Eichel mit der Harn-Samenröhre. **Sie ist sehr berührungsempfindlich, weil hier besonders viele Nervenenden verlaufen**, und wird deswegen von der Vorhaut geschützt. Beim Waschen musst du sie zurückschieben, um deinen Penis gründlich zu säubern. Manchmal bildet sich darunter eine „käsige" Schmiere, das sogenannte Smegma, das unangenehm riechen kann. Auch beim Pinkeln ist es ratsam, die Vorhaut zurückzuschieben, dann kannst du nämlich gezielter Wasser lassen ...

In manchen Kulturen und auch aus hygienischen Gründen werden Jungs BESCHNITTEN. Dazu wird ihnen kurz nach der Geburt die Vorhaut entfernt. Dadurch sinkt das Risiko einer Harnwegsentzündung und für sexuell übertragbare Krankheiten.
Manchmal ist das VORHAUTBÄNDCHEN (FRENULUM) zu kurz und die Vorhaut lässt sich nicht richtig zurückschieben. Bevor sie einreißt, wird sie vom Arzt mit einem kleinen Schnitt geweitet.

INFO

FUN FACTS:

Den längsten Penis der Welt soll ein Porno-Akteur mit dem Pseudonym Long John (Dong) Silver haben – mehr als 45 Zentimeter! Ob das stimmt?

Der Blauwal hat den längsten: Drei Meter lang und einen Durchmesser von 30 Zentimetern.

Links und rechts vom Penis befinden sich deine Hodensäcke und darin die eiförmigen Hoden. Ihre Haut ist etwas dunkler, ziemlich faltig, sehr robust – und sehr empfindlich. Sie liegen außerhalb deines Körpers, damit sich Samen bilden können. Übrigens funktionieren Hoden wie eine Kühlbox für die Spermien, zu viel Wärme mögen sie nicht. Deswegen sollten Jeans und Unterhose nicht zu eng anliegen!

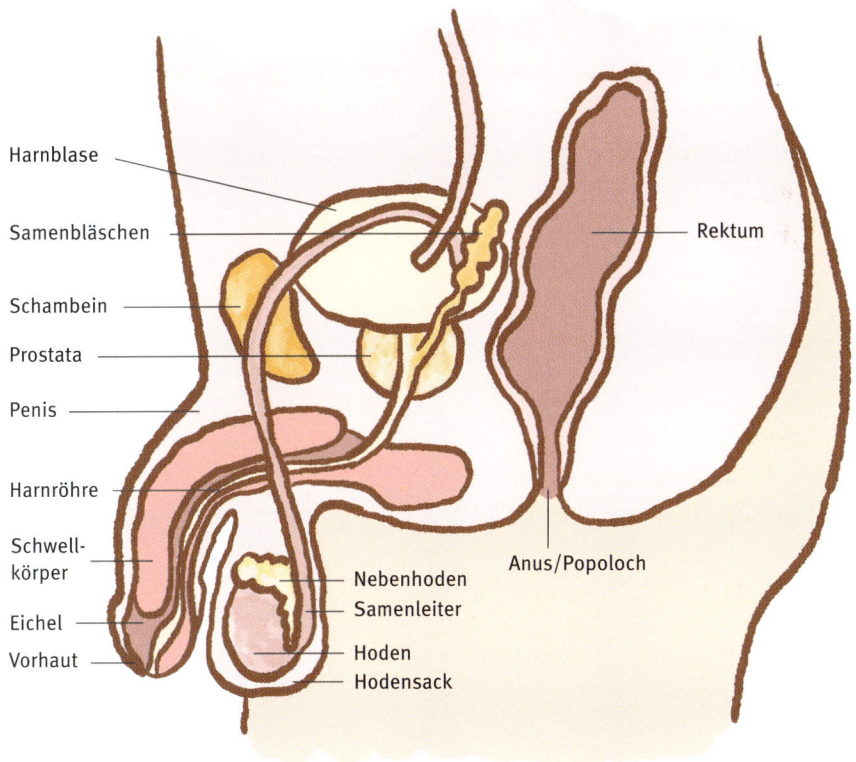

PUBERTÄTSNOTFALLPLAN

FRAGEN ÜBER FRAGEN

▶ **Was machen, wenn sich um deine Brustwarzen eine kleine Beule entwickelt?**
Mache dir keine Sorgen, die Hälfte aller Jungs entwickelt vorübergehend einen
Brustansatz. Völlig normal und geht wieder vorbei.

▶ **Was machen, wenn alle Jungs wachsen, nur du nicht?**
Jeder hat sein ganz persönliches Entwicklungsprogramm, vertraue darauf,
dass du ganz richtig bist und in deinem Tempo wächst.

▶ **Was machen, wenn du dauernd Hunger hast?**
Dann iss! Ein erhöhter Energiebedarf während der Wachstumsphase ist normal.
Gut sind rotes Fleisch, Gemüse, Obst und Kohlehydrate. (Fast Food gehört selbst-
redend nicht unbedingt dazu ...)

▶ **Was machen, wenn du Schmerzen in den Knien hast?**
Durch das schnelle Wachsen kommen manchmal die Gelenke nicht nach. In der Regel
„wächst sich das aus", wird es zu schlimm, helfen Schmerzmittel. Wird es nicht besser,
bitte vom Arzt abklären lassen.

▶ **Was machen, wenn du dich komisch in deinem Körper fühlst?**
Sport und Tanzen können dir helfen, dich besser in deinem Körper zurechtzufinden.

▶ **Was machen, wenn du gerne einen muskulösen Körper hättest?**
Von nichts kommt nichts und Training gehört dazu, aber solange dein Körper nicht
voll entwickelt ist, musst du noch ein bisschen Geduld haben.

TIPP

Sing!
Hört sich komisch an,
aber hilft: Singen! Am besten
im Chor ... oder du trainierst
deine Stimme durch Vorlesen und
Sprechübungen. Damit hältst du
deine Stimmbänder geschmeidig –
und lernst, Kiekser zu
kontrollieren.

Auch Mädchen haben während der Pubertät ihre Themen, die sich bei genauem Hinsehen im Prinzip kaum von deinen unterscheiden. Anders als bei Jungs beginnt bei ihnen die hormonelle Umstellung etwa zwei Jahre früher, bei manchen schon mit neun Jahren. Aber dann durchlaufen ihre Gehirne, Gefühle und Körper mehr oder weniger das gleiche „Programm" wie bei dir: Gefühlsschwankungen, Wachsen der Schamhaare und Genitalien, das Entwickeln von Geschlechtsmerkmalen. Und ein Körper, der in alle Richtungen wächst.

Eine wichtige Rolle spielt bei Mädchen dabei das „Weiblichkeitshormon" Östrogen, das unter anderem ihre Figur runder und weicher macht, aber auch für die Entwicklung der Brüste verantwortlich ist. Wie bei Jungs gibt hier das Gehirn eines Tages den Startschuss für die Geschlechtsreife: Es schickt Hormone in die Eierstöcke, die dort fortan etwa alle vier Wochen eine Eizelle heranreifen lassen. Parallel bereitet die Gebärmutter ein gut durchblutetes „Babynest" vor. Wird die Eizelle nicht befruchtet, wird sie vom Körper absorbiert. Die monatliche Blutung stellt sich ein, das nicht benötigte Babynest wird sozusagen ausgeschieden. Das ist ein natürlicher Vorgang und für Mädchen oft mit unangenehmen Bauchschmerzen, Kopfweh und Müdigkeit verbunden. Kein Wunder, der Körper hat ja auch einiges zu leisten! **Am besten nimmst du einfach Rücksicht und machst keine blöden Witze.**

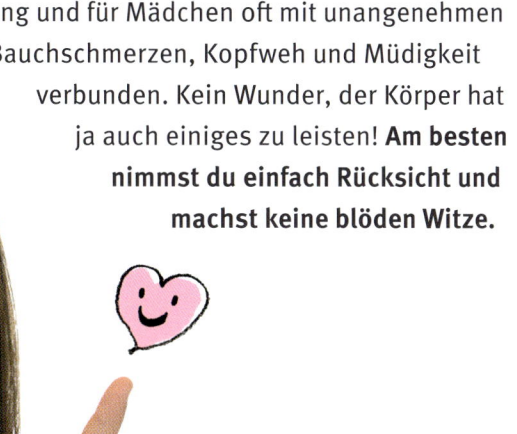

FORTSETZUNG AUF DER NÄCHSTEN SEITE ⟹

Parallel zum ersten Samenerguss (Spermarche), bekommt das Mädchen seine erste Periode (Menarche). **So wie du ab dem ersten Samenerguss zeugungsfähig bist, ist das Mädchen ab der ersten Periode fruchtbar.**

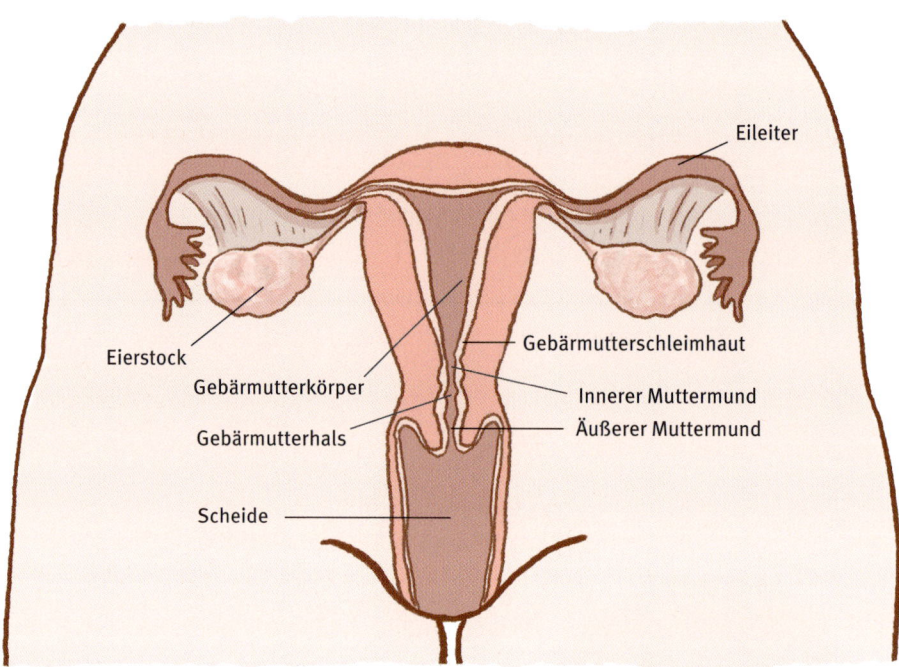

Eileiter

Gebärmutterschleimhaut

Innerer Muttermund

Äußerer Muttermund

Eierstock

Gebärmutterkörper

Gebärmutterhals

Scheide

Bei Mädchen liegen die Geschlechtsorgane innerhalb des Körpers, auch die Vulva ist auf den ersten Blick nicht zu sehen, weil sie sich zwischen den Beinen befindet. Dort liegt unter einer Vorhaut verborgen die Klitoris, das Sexualorgan von Mädchen und Frauen. Was von außen nur wie ein kleines Perlchen aussieht (man bezeichnet dieses auch als „Kitzler"), ist in Wirklichkeit ca. 11 Zentimeter lang und besitzt wie dein Penis Schaft und Schwellkörper, weswegen sie sich bei Erregung aufrichtet und hart wird.

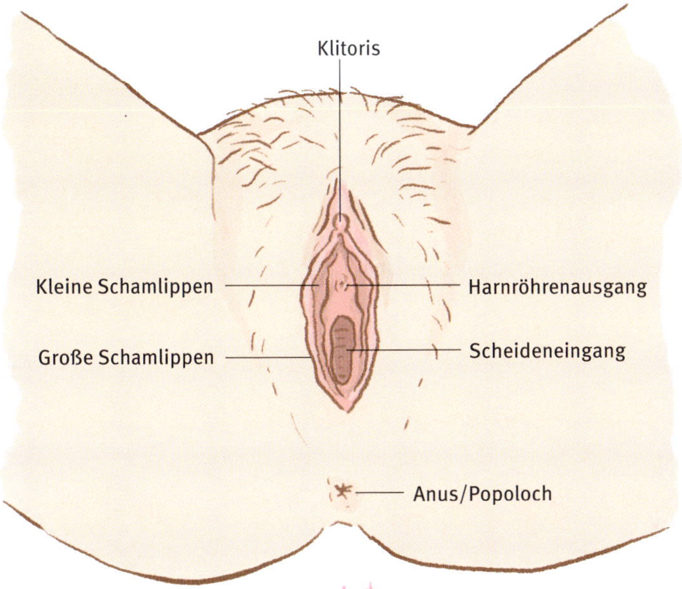

Klitoris

Kleine Schamlippen — — Harnröhrenausgang

Große Schamlippen — — Scheideneingang

Anus/Popoloch

Oben sieht man die Vagina von außen, unten das innenliegende Klitorisorgan.

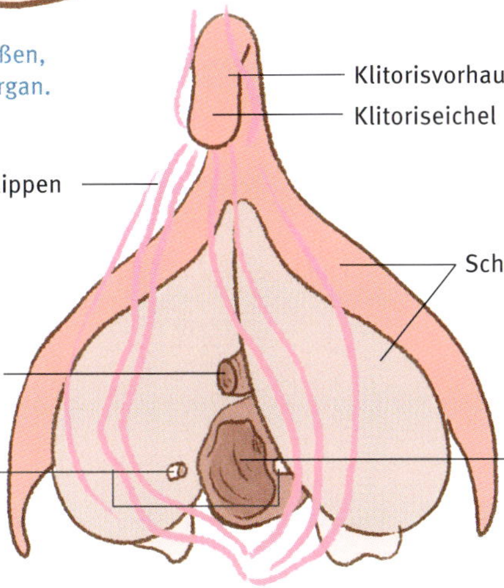

Klitorisvorhaut
Klitoriseichel

Kleine Schamlippen

Schwellkörper

Harnröhrenausgang

Bartholin-Drüsen-Ausgänge

Scheideneingang

So wie es keine zwei Penisse gibt, die exakt gleich aussehen, gibt es auch bei der Vagina **KEIN STANDARDAUSSEHEN**: Bei manchen Mädchen sind die Schamlippen größer als bei anderen, die Klitoriseichel kann mal sichtbarer und mal versteckter sein. Wichtig ist: Egal, wie ihr da unten ausseht, ihr seid ganz genau richtig so!

INFO

Ich brauche Power & Action.

Ich habe ein Faible für Technik.

Ich bin gerne in der Natur.

Ich lese gerne.

FREUNDE UND FAMILIE

WELCHE DIESER AUSSAGEN TREFFEN AUF DICH ZU?

Ich bin gerne kreativ.

Ich bin selbst-bestimmt und selbstbewusst.

Ich stehe zu meinem Wort.

Ich habe viele Freunde.

Ich bin gerne für mich allein.

Ich bin meistens ganz schön zappelig.

Ich trage gerne coole Klamotten.

Ich will überall der Erste und der Beste sein.

Ich biete selbstverständlich meine Hilfe an.

Ich nehme Rücksicht auf meine Mitmenschen.

Ich kann ohne mein Handy nicht sein.

Ich bin total empfindsam und sensibel.

Ich weiß nicht, was ich will.

Ich interessiere mich für Politik.

Ich bin gerne mit anderen zusammen.

Ich lache gerne und hab Spaß.

Ich liebe das Risiko.

Ich tanze gerne und höre Musik.

Ich habe einen allerbesten Kumpel.

Ich habe Träume und Wünsche.

JUNGS 2.0

SUPER HERO!

Wenn Jungs zu Männern heranwachsen, verändert sich nicht nur ihr Körper. Geist und Seele reifen heran, bisher **unbekannte Gefühle entwickeln sich und die Beziehungen zu anderen Menschen bekommen eine neue Bedeutung,** ob Eltern, Freunde, Junge, Mädchen. Auch der Blick auf sich selbst verändert sich. Denn die Frage „Wer bin ich?" ist alles andere als leicht zu beantworten, vor allem, wenn sich um dich herum die typischen Rollenerwartungen in Auflösung befinden und du gar nicht so genau weißt, was von dir als zukünftiger Mann eigentlich erwartet wird.

TIPP

Wer sind deine Vorbilder?

Welchen Fußballstar bewunderst du?
Welche YouTuber bewunderst du?
Welche Sänger findest du toll?
Welche Politiker beeindrucken dich?
Welche Schauspieler würdest du gerne einmal treffen?

Einerseits begegnen dir in Videoclips, Fernsehen und Kinofilmen lauter „echte" Kerle, die männlich stark und unbesiegbar sind. Auf dem Fußballplatz herrschen raue Töne und vielleicht kennst du auch den Satz: „Du bist doch ein Junge, sei nicht so ein Weichei!" Andererseits lernst du vor allem in der Schule, dass Gewalt und das „typisch" männliche Kräftemessen – höher, weiter, schneller – eben nicht immer die beste Lösung sind. Hier geht es um Lesen, Schreiben, Rechnen, um Gruppenarbeit und vor allem um Inhalt und Leistung. **Denn in unserer Gesellschaft kommt man längst nicht mehr mit Fäusten voran, sondern mit Einfühlungsvermögen, Intelligenz und Kreativität.**

TIPP

Du bist du!
Welche Typisch-Jungs-Sätze kennst du? Schreibe sie auf! Und dann streiche sie durch und mach dein eigenes Ding! Lass dir keine Rollen aufdrücken.

Lass dich nicht verunsichern und orientiere dich an Jungs und Männern in deinem Umfeld, die so ticken wie du. Steinzeitdenken in „oben" und „unten" beziehungsweise „Männer gegen Frauen" ist längst vorbei. Es geht um Gleichberechtigung auf allen Ebenen. Und dazu gehört auch, dass jeder Mensch, jedes Individuum, so leben darf, wie es fühlt und denkt. **Es gibt starke und schwache Mädchen, starke und schwache Jungs und die meisten haben beides in sich. Jede(r) auf seine Weise.** Denn jedes Talent und jede Eigenschaft haben ihre Berechtigung, sind es wert, gesehen zu werden.

Deine Eltern sind für dich da, ein Leben lang. Und alle Eltern wollen ihre Kinder beschützen, sie fördern und ihnen das Beste mitgeben. Während der Pubertät fühlt sich das manchmal einengend und nach viel zu vielen Verboten an. Und gleichzeitig sind sie stolz auf dich, wenn sie merken, dass du Verantwortung für dein Leben übernimmst und sie sich auf dich verlassen können. Ein vertrauensvolles Verhältnis zu deinen Eltern ist immer gut.

Dein Vater ist dein erstes männliches Vorbild im Leben.
Von ihm lernst du, was es heißt, ein Mann zu sein – und den Umgang mit Gefühlen und Körperlichkeit, egal ob kuscheln, raufen, spielen. Schön ist es, wenn dein Vater Zeit für dich hat und er in Sachen Sorgen und Problemen als Ansprechpartner immer für dich da ist. Weil manche Väter oft aus verschiedenen Gründen abwesend sind, gelingt das aber leider nicht immer. Dabei brauchst du gerade jetzt jemand Vertrautes, der dich in deiner Entwicklung zum Mann bestärkt!

TIPP

Vater-Sohn-Aktionen zur Inspiration

Welche Aktivitäten liegen deinem Vater?
Und welche wünschst du dir?
Was brauchst du von deinem Vater?
Suche dir etwas aus!

Wenn du jetzt das Bedürfnis hast, mehr über deinen Vater zu wissen, dann fordere ihn heraus. Schlage ihm gemeinsame Unternehmungen vor (siehe Liste), frage ihn Löcher über das Mannsein in den Bauch: Wie war es bei ihm, als er ein kleiner Junge war? Und dann später mit 13, 14, 15? Was findet er anstrengend als Mann? Was findet er besonders gut?

TiPP

Ein paar Vorschläge

★ Wandern ★ Klettern
★ Basteln ★ Kochen ★ Brett- und Gesellschaftsspiele ★ Diskutieren (Politik, Sport) ★ Museum/Kinobesuch
★ Abenteuerspielplatz ★ Lesen
★ Handwerken ★ Malen
★ An Autos herumschrauben
★ Stadionbesuch

Deine Mutter als erste Frau in deinem Leben gibt dir auch eine Menge mit auf den Weg. Von ihr lernst du, wie sich Frauen verhalten, im besten Fall erzieht sie dich zu einem selbstständigen und selbstbewussten Mann – und organisiert nicht alles von der Wäsche über Essen hin bis zum Schulkram für dich. Denn auch das gehört zum Mannsein dazu: Dich früher oder später nicht mehr bemuttern zu lassen! Aber klar darfst du jederzeit bei ihr unterkriechen ...

Egal ob älter oder jünger, **Geschwister** sind immer zum Raufen und Rangeln gut! Aber auch zum Kuscheln, Kitzeln, füreinander Dasein und voneinander Lernen.

JUNGS UNTER SICH

Mädchen sind klasse, ohne Frage, aber es ist auch immer wieder prima, wenn du nur mit deinen Freunden unterwegs bist, oder? Aber für jeden von uns ist es entlastend, wenn er einfach so sein kann, wie er ist und sich nicht – warum auch immer – gegenüber anderen behaupten und profilieren muss. Jungs unter sich verstehen sich blind und ohne viele Worte. **Wo, wenn nicht hier, könnt ihr sein, wie ihr seid!** Eure Gefühle zeigen, über Ängste sprechen, aber auch die verrücktesten Dinge tun und euch ausprobieren, ohne dass es gleich Missverständnisse gibt. Und gleichzeitig geht es immer um ein spielerisches Kräftemessen, um Spaß an der Konkurrenz.

Kein Wunder, denn ihr seid ja mehr oder weniger aus dem gleichen Holz geschnitzt. Ihr wisst, was ihr aneinander habt, und wenn du einmal ein paar beste Kumpel gefunden hast, ist das wahrscheinlich für immer. Denn natürlich vertraust du nicht allen deine Gefühle an. **Deine Freunde stehen für dich ein** und beschützen dich in schwierigen Situationen. Deswegen ist es gut, welche zu haben!

Wahrscheinlich kennst du das Gefühl und hast dir bisher keine Gedanken darüber gemacht, aber meistens geht es ziemlich entspannt zu, wenn Jungs unter sich sind. Das liegt daran, dass ihr ziemlich schnell herausfindet, wer von euch das Sagen hat und wer nicht. **Auch wenn das viele nicht glauben, können sich Jungs leicht einfügen und unterordnen und damit Streitereien vermeiden.**

MUTPROBEN UND GRENZEN AUSTESTEN

Gehört unbedingt dazu! Aber bitte ohne Risiko und Verletzungsgefahr. Denn Vorsicht ist keine Feigheit und Leichtsinn kein Mut.

Wenn du keine Freunde hast, suche dir welche! In der Schule, im Sportverein, in der Nachbarschaft, bei der Jugendfeuerwehr, im Naturschutzverein, bei den Pfadfindern. Oder bist du eher der Typ Einzelgänger? Auch okay. Solange du dich nicht völlig vergräbst und du dich nicht allein dabei fühlst.

TIPP

Coole Action
zum Grenzenaustesten:

★ Gocart ★ Carrera ★ Tisch-
kicker ★ Billard ★ Darts
★ Paintball ★ Fußball ★ Zocken
★ Boxen ★ Karate/Judo
★ Klettern

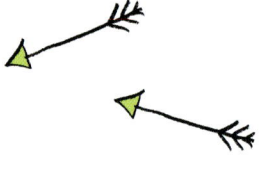

Mit einem allerbesten Kumpel an deiner Seite hast du es gut! Viele Jungs haben meistens für immer und ewig nur wenige beste Freunde an ihrer Seite. Das finden sie einfacher, als jedes Mal wieder von vorne anzufangen und ihre Gefühle und Gedanken irgendwem anzuvertrauen. Ganz einfach, weil sie denken, das mache sie schwach und angreifbar. Das Gegenteil aber ist der Fall, wenn du dich öffnest und zeigst, was du fühlst. Wenn du weinst, weil du traurig bist, zum Beispiel. **Oft sind dann zwei Jungs ganz dicke miteinander, erzählen sich alles und vertrauen sich blind gegenseitig ihre Geheimnisse und Erfahrungen an**. Das ist gut so!

Beste Freunde spornen sich gegenseitig an! Auf diese Weise könnt ihr euch gemeinsam entwickeln, jeder für sich. Denn es geht nicht darum, dass der eine schlechter oder besser ist! Ob Wettrennen beim Joggen oder Lernen für die Arbeit, holt aus euch das Beste heraus und konkurriert fair und mit Respekt und Wertschätzung miteinander. Macht euch gegenseitig stark und stellt euch euren Ängsten (zum Beispiel vor Mädchen ...

oder vor einem bestimmten Lehrer ... oder vor einer Prüfung). **Streitet richtig, bis die Fetzen fliegen, wenn ihr wichtige Dinge klären müsst – und vertragt euch wieder.**

Jetzt, während der Pubertät, geht es natürlich auch um körperliche Veränderungen. Lieblingsthema sind Penis und erste sexuelle Erfahrungen, mit sich selbst oder schon auch mit anderen. Und manchmal passiert es dann auch, dass Jungs miteinander kuscheln oder sich gegenseitig anfassen. Einfach so, um auszuprobieren, wie sich der Penis des anderen anfühlt und was dieses Gefühl mit dir macht. **Mach dir keine Gedanken darüber, ob du homosexuell bist oder nicht!** Du hast du alle Zeit der Welt, um mehr über deine sexuelle Orientierung herauszufinden (mehr dazu auf Seite 62/63). Genieße es einfach!

Vielleicht gehörst du zu den Jungs, die eine **allerbeste Freundin** haben. Glückspilz! Denn dann erlebst du wie nebenbei ihre Entwicklung mit und kannst, wenn du das willst, dich mit ihr austauschen. Das gibt dir die Gelegenheit, zu erfahren, wie Mädchen ticken. Außerdem mögen Mädchen Jungs, die über ihre Gefühle sprechen können.

SEI DU SELBST

Du bist du! Wenn du alleine und mit deiner Familie zusammen bist, fühlst du dich gut und stark. Meistens. Und dann gibt es wieder diese Momente, da bist du total verunsichert. Auch wenn du ganz genau weißt, dass sich das auswächst, fühlst du dich trotzdem neben der Spur. Die folgenden Tricks sorgen für mehr Selbstvertrauen – damit du bei all dem Hormonchaos deine gute Laune nicht verlierst!

▶ **Schreibe zehn (!) Dinge auf, die du besonders gut kannst.** Wenn dir nichts einfällt, mach die Übung gemeinsam mit deinem besten Kumpel. Oder mit deinem Vater oder Bruder.

▶ **Dein Name, dein Programm.** Schreibe zu jedem Anfangsbuchstaben deines Vornamens eine positive Eigenschaft.

neugierig

HENRI

immer gut drauf!

humorvoll

extrem gutaussehend

die Ruhe selbst

▶ **Laufe schneller als sonst**. Statt rumzutrödeln, lege einfach einen Zahn zu, straffe die Schultern und gucke nach vorne statt aufs Handy. Durch die Bewegung bekommst du Schwung und eine energetische Ausstrahlung.

▶ **Lächle!** Wirkt Wunder. Tatsächlich trainierst du deine Gesichtsmuskeln und schüttest jede Menge Glückshormone aus. Das wirkt auf dich und deine Umgebung wie eine Gute-Laune-Dusche. Wetten, dass du sogar den unfreundlichen Busfahrer zum Lächeln bringst?

▶ **Mach dich nicht von der Beurteilung der anderen abhängig.** Das ist leichter gesagt als getan, vor allem, wenn dir in den Medien überall tolle Jungsbilder entgegenstrahlen mit superfitten Körpern und Zahnpastalächeln. Als Junge des 21. Jahrhunderts kennst du die entsprechenden Apps und könntest deine Bilder selbst manipulieren. Wenn du es wolltest. Aber das hast du nicht nötig.

▶ **Lass dich nicht auf deinen Penis reduzieren!** Länge, Größe, Breite sagen nichts, aber auch rein gar nichts über dich und deinen Charakter. Dein Selbstbewusstsein soll, darf und kann nicht von deiner Penisgröße abhängig sein!

▶ **Danke sagen.** Nicht alles läuft nach Plan, nicht alles ist selbstverständlich. Nimm dir immer mal wieder Zeit, um dir aufzuschreiben, wofür du alles Danke sagen kannst: für deinen gesunden Körper (auch wenn er gerade tausend Pickel hat), für deine coolen Ideen, für deine Geistesblitze, für dein ansteckendes Lachen ...

SPAßKLOPPE

Steht in deiner Schulordnung auch: Spaßkloppe verboten?! Und bevor du dich jetzt fragst, wo gibt's denn so was, sei dir versichert, dass es tatsächlich vorkommt. Die wenigsten Erwachsenen verstehen nämlich, um was es bei euren täglichen Rangeleien und Raufereien geht. Nämlich um spielerisches Kräftemessen und Austesten von euch und euren körperlichen Grenzen, um ein gegenseitiges Machtgerangel – und um die Frage, wer von euch hier der Chef ist. Das kannst du doof finden und dich davon fernhalten. Vielleicht aber gehörst du ganz gerne zu denen, die einfach mal ordentlich austeilen. Oder du verstehst es wie die meisten Jungs: als Spiel, bei dem sich niemand weh tut oder erniedrigt wird. Und weil man auf diese Weise herausfinden kann, welche Position man innerhalb der Gruppe hat. **Das kann nämlich sehr entlastend sein und man kann aufhören, zu kämpfen.** Gelegenheiten für spielerisches Kräftemessen gibt es jede Menge – auf dem Spielplatz, beim Sport, in deiner Freizeit.

Körperliche Auseinandersetzungen dürfen, aber müssen nicht sein. Es ist besser, du löst deine Konflikte im Gespräch. Nicht mit fiesen und gemeinen Beschuldigungen, sondern fair und auf Augenhöhe (dazu mehr ab Seite 44). **Stopp heißt Stopp! Beim Raufen, Spaßkloppe oder Streiten.**

WENN DU ERNSTHAFT ANGEGRIFFEN WIRST UND DICH BEDROHT FÜHLST, KANNST DU FOLGENDES TUN:

★ **Tief durchatmen!** Keine Panik. ★ **Reagiere nach Möglichkeit ruhig,** um dein Gegenüber nicht weiter zu provozieren. ★ **Trete so selbstbewusst wie möglich auf.** Das bringt den Täter aus dem Konzept. ★ **Verschaffe dir Gehör!** Sage laut und deutlich, was Sache ist. ★ **Rede mit dem Angreifer und suche Blickkontakt.** ★ Lass dich nicht aus der Reserve locken. **Drohe oder beleidige den Angreifer nicht.** ★ **Organisiere Hilfe**, notfalls wende dich an einen Passanten.

Die Erwachsenen möchten jedoch nicht, dass ihr euch gegenseitig verletzt, und schreiten deshalb ein. Für sie ist es manchmal schwierig, zwischen Spaß und Ernst zu unterscheiden. Außerdem wünschen sich heutzutage alle eine gewaltfreie Erziehung für ihre Kinder, vor allem für Jungs. Und das ist auch gut so! **Natürlich sind Fäuste und Gewalt nie eine Lösung für Konflikte und Streitereien!** Und natürlich darf bei Spaßkloppe niemand verletzt werden (deswegen heißt es ja Spaß!), ist ja wohl Ehrensache. Du solltest den Unterschied zwischen Spieltrieb und Gewaltbereitschaft kennen – und immer fair bleiben. **Denn wenn einer abschlägt, eindeutig der Schwächere ist oder aufgibt, ist Schluss mit Rangeln, Schlagen und Nachtreten.** Die aktuellen Formate in den Medien sind da leider kein gutes Vorbild, nimm dir daran bitte kein Beispiel.

FAIR STREITEN

Niemand streitet gerne. Und **cool bleiben ist bei einem Streit leichter gesagt als getan.** Vor allem, wenn es deiner Meinung nach im Eifer des Gefechts gemeine Anschuldigungen und unfaire Behauptungen hagelt. Egal, ob du dich mit einem Kumpel fetzt oder Stress mit deinen Eltern hast.

Wenn du statt Schuldzuweisungen wie „Du hast aber ... du machst ... du bist ..." dem anderen deine persönlichen Gefühle und Gedanken in Form von Ich-Botschaften mitteilst, hast du es einfacher. **Denn Du-Botschaften lösen beim Gegenüber immer Abwehrmechanismen aus. Mit Ich-Botschaften gibt es keine Anschuldigungen und Bewertungen,** deswegen muss sich niemand verteidigen und in den Kampfmodus gehen – was die Tonlage eines Streites deutlich entschärft. Wenn du andersherum das Gefühl hast, du wirst mit lauter Anschuldigungen überhäuft, kannst du das auch so klar formulieren und dich dagegen wehren.

STREIT-CHECKLISTE

INFO

▶ Es redet immer nur einer.
▶ Den anderen ausreden lassen.
▶ Gut zuhören und versuchen, das Gesagte zu verstehen (nicht gleichzeitig innerlich eigene Munition sammeln).
▶ Nicht anschreien.
▶ Sachlich, ruhig und höflich bleiben.
▶ Ich-Botschaften („Ich fühle mich momentan ...";
„Wenn du das sagst, dann kommt das so bei mir an ...";
„Ich wünsche mir, dass ...“; „Auf mich wirkt das, als ...“).
▶ Keine Beleidigungen.
▶ Lösungen suchen. (Was könnte die Situation ein bisschen besser machen?)

DAS UMFORMULIEREN HILFT OFT, AUF AUGENHÖHE UND WERTSCHÄTZEND MITEINANDER ZU KOMMUNIZIEREN. KOMMEN DIR DIESE SÄTZE BEKANNT VOR?

So nicht! Das machst du falsch! (Kritik)
Besser: Beschreiben, was in deinen Augen nicht stimmt, und sagen, was du dir wünschst. Beispiele:
* „Dabei fühle ich mich ..."
* „Bitte mach zukünftig/ab sofort Folgendes ..."
* „Mir würde es helfen, wenn ..."

Hättest du besser aufgepasst ... (Vorwurf)
Besser: Fragend zur Analyse einladen. Beispiele:
* „Wie kam es aus deiner Sicht zu dem Ergebnis?"
* „Was machst du beim nächsten Mal mehr, weniger, anders?"
* „Wie kam es aus deiner Sicht zum Streit mit Yannis? Was machst du beim nächsten Treffen anders?"

Das hast du toll gemacht! Weiter so. (Lob)
Besser: Stelle klar heraus, wenn dir etwas gut getan oder gefallen hat. Beispiel:
* „Als du im Referat zwei Beispiele von Jugendlichen genannt hast, konnte ich mich mit dem Thema sofort identifizieren. Dann war alles für mich einfach zu verstehen und hat mich gefesselt."

NO-GO: CYBERMOBBING

Ein Klick und das Foto oder der Spruch sind im Netz. Fast jeder hat heutzutage ein Smartphone, mit dem du jeder Zeit online gehen und Inhalte mit deinen Freunden teilen kannst. Das ist lustig, kann aber schnell nach hinten losgehen, wenn peinliche Fotos, beleidigende Botschaften oder üble Nachrede in den sozialen Netzwerken verbreitet werden. Bevor du selbst einfach auf den Weiterleiten-Button drückst, mach dir bitte klar: **Cybermobbing ist kein Kavaliersdelikt und unter Umständen sogar strafbar.**

Frage immer, bevor du Fotos von anderen veröffentlichst. Es ist überhaupt nicht okay, peinliche oder manipulierte Bilder von jemandem online zu stellen. **Bedenke auch: Einmal im Netz, immer im Netz!**

Auch deine Eltern (Lehrer, Trainer) müssen dich um Erlaubnis fragen, wenn sie Bilder von dir veröffentlichen – es sei denn, du bist ein Star und damit eine Person von öffentlichem Interesse (aber auch die müssen sich nicht alles gefallen lassen). Gruppenfotos von öffentlichen Veranstaltungen, auf denen der Einzelne in der Masse quasi untergeht, dürfen ohne Erlaubnis eingestellt werden, Fotos von privaten Veranstaltungen dagegen erfordern das Okay der Beteiligten.

WENN DU SELBST OPFER VON CYBERMOBBINGATTACKEN BIST, KANNST DU FOLGENDES TUN:

★ **Ignoriere die Kommentare!** Auch wenn es schwerfällt, dann hören die anderen meistens damit auf. Oft stammen sie von Leuten, die du kennst, das macht die Sache kompliziert, weil du ihnen ja auch in der analogen Welt begegnest. ★ **Werde aktiv und wehre dich!** Versuche, dich nicht wie ein Opfer zu verhalten, sondern checke stattdessen dein Selbstbewusstsein und lass dir nichts gefallen. ★ **Sammele Beweise,** mache Screenshots oder sichere die Links in einer Datei. ★ **Es ist gesetzlich verboten, Fotos von Personen ohne deren Erlaubnis ins Netz zu stellen!** Wenn Fotos von dir kursieren, mit denen du nicht einverstanden bist, kannst du Anzeige erstatten und den Betreiber der Plattform auffordern, es zu löschen. ★ **Informiere deine Eltern oder eine andere Vertrauensperson**. Leider sind die oft damit überfordert, weil sie sich meist schlechter im Netz auskennen als du. Deswegen ist es ratsam, deine Schule, wo es mittlerweile Medienpädagogen gibt, über die Vorfälle zu informieren und dir dort Rat und Unterstützung zu suchen. ★ **Wechsele deine Telefonnummer und deinen Account,** wenn es ganz schlimm wird.

VON WEGEN MEDIENSÜCHTIG

Wahrscheinlich sind deine Eltern nicht glücklich darüber, dass du stundenlang auf dein Smartphone schaust und im Netz surfst. Egal, ob du deine Lieblingsserie schaust, mit deinen Freunden chattest oder dein Lieblingsspiel spielst – es sind sicher viele Stunden, die du vor dem Bildschirm verbringst.

Wenn du merkst, dass du viel zu oft online und von dem kleinen Gerät abhängig bist, dann tu etwas! **Werde aktiv und mache dir einen Zeitplan**. Gehe wieder öfters zum Sport und unternimm etwas mit deinen Kumpels. Verabredet euch zum Brettspielespielen – wie in den guten alten Zeiten. Von einer Mediensucht spricht man übrigens erst, wenn du ausschließlich nur noch vor dem Bildschirm sitzen würdest und weder isst, trinkst noch schläfst, geschweige denn Freunde triffst.

WIE OFT BIST DU „ON"?

Mache den Test und finde heraus, ob du mediensüchtig bist. Wenn du mehr als drei Kreuze gemacht hast, wird es Zeit, ein paar Tage offline zu gehen. Mach den Test auch mit deinen Eltern und Freunden!

★ Ich muss ständig auf mein Handy gucken. Es ist fast wie ein Zwang.
★ Ich kann gar nicht genau sagen, wie oft ich online und/oder am Computer bin.
★ Auch beim Essen liegt mein Handy auf dem Tisch.
★ Wenn ich mein Smartphone nicht checken kann, werde ich nervös.
★ Übers Daddeln, Surfen und Gamen vergesse ich zu essen.
★ Wegen Daddeln, Surfen und Gamen treffe ich meine Freunde nicht mehr.
★ Ich telefoniere nicht mehr, ich kommuniziere lieber online.

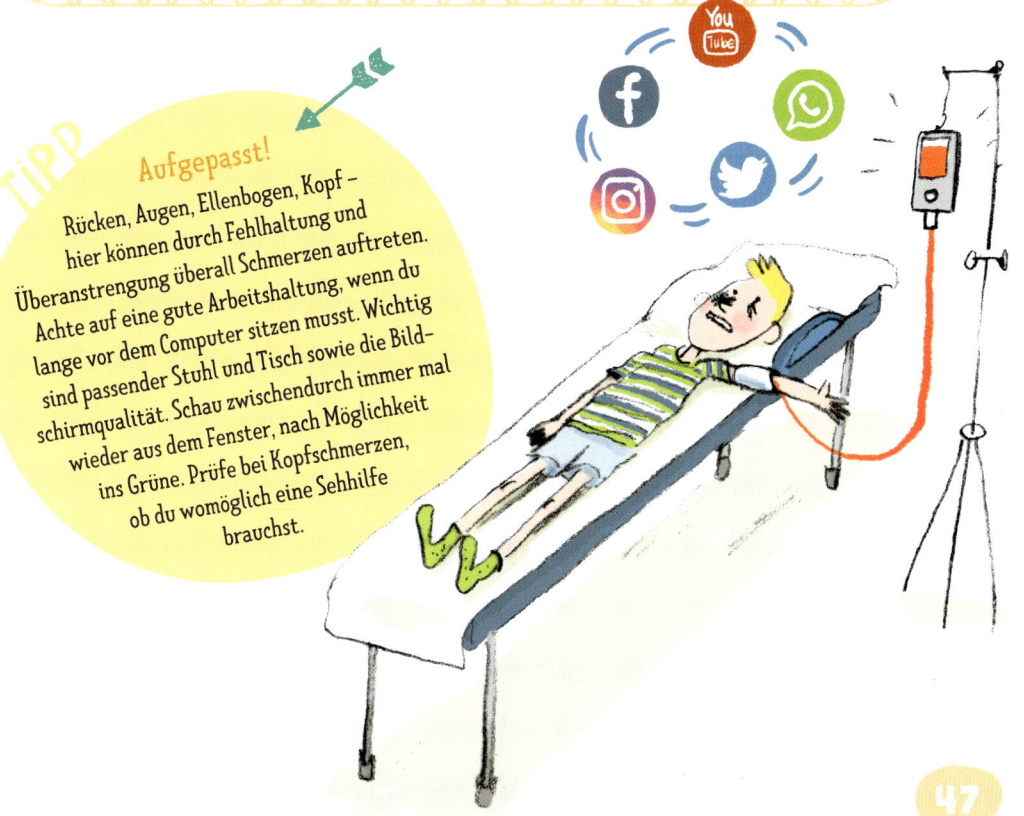

TIPP

Aufgepasst!

Rücken, Augen, Ellenbogen, Kopf – hier können durch Fehlhaltung und Überanstrengung überall Schmerzen auftreten. Achte auf eine gute Arbeitshaltung, wenn du lange vor dem Computer sitzen musst. Wichtig sind passender Stuhl und Tisch sowie die Bildschirmqualität. Schau zwischendurch immer mal wieder aus dem Fenster, nach Möglichkeit ins Grüne. Prüfe bei Kopfschmerzen, ob du womöglich eine Sehhilfe brauchst.

LIEBE UND GEFÜHLE

KENNST DU DIESE SÄTZE?

Ich tagträume und bekomme nichts mehr mit.

Ich trau mich nicht!

Bin ich cool genug?

Flugzeuge im Bauch

Schmetterlinge im Bauch

48

Ich denke an nichts anderes.

Sie geht mir nicht aus dem Kopf.

Soll ich, soll ich nicht?

Was hast du gesagt?!

Wie geht Küssen?

Wie soll ich es ihr nur sagen?

Yeah, Yeah, Yeah!

Warum bekomme ich keine Antwort?

Ich weiß nicht, was ich tun soll.

Bloß nix vermasseln!

Ich könnte die ganze Welt umarmen!

Ich bin sooo verliebt!

ECHTE GEFÜHLE

Ein echter Kerl weint nicht – dieser Spruch ist aus dem letzten Jahrtausend und doch scheint es, als gelte er heutzutage manchmal immer noch. Denn Hand aufs Herz: Sprichst du gerne über deine Gefühle? **Klar hast du Gefühle, denn du bist ja keine Maschine, du bist ein Mensch.**

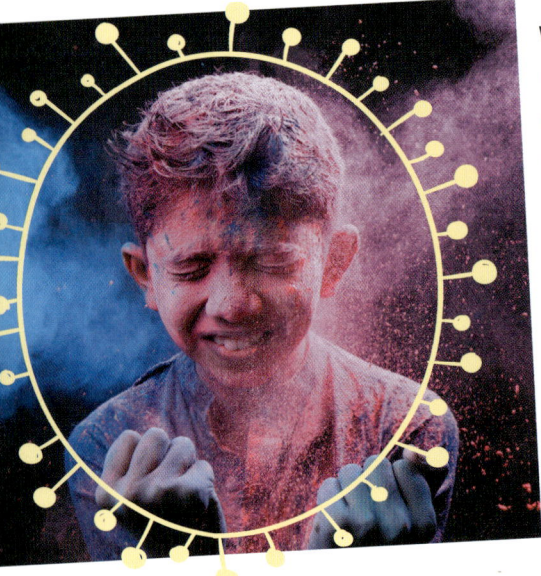

Wenn du als Junge aber innerhalb der Clique deine Position behaupten musst, machen dich Gefühle scheinbar schwach, weswegen du sie gerne auch mal verdrängst. Und wenn innerhalb deiner Familie die emotionale Rolle bereits besetzt ist (von deinem Bruder, deiner Schwester), verlernst du einfach, dich mit Gefühlen auseinanderzusetzen. Deine Gefühle sind wie eingefroren, zugedeckt, du findest keinen Zugang mehr zu ihnen. **Was fühlst du? Wie fühlst du dich? Was spürst du wo?**

Und noch etwas passiert: Jungs werden in den frühen Kinderjahren beinahe ausnahmslos von Frauen (Kita, Grundschule) erzogen, weil Väter meistens abwesend und auf der Arbeit sind. **Du lernst also nicht unbedingt, wie Männer ihre Gefühle ausdrücken.** Und um dich von Frauen abzugrenzen, die ja manchmal sehr emotional sein können, machst du das genaue Gegenteil, um ein Mann zu werden: Du sperrst deine Gefühle weg. Und machst „typische" Jungs-Sachen wie Dauerdaddeln, gefährliche Sportarten und erzählst kaum mehr etwas darüber, was in dir vorgeht.

KENNST DU DIESE SPRÜCHE?

Sie könnten auch lauten: „Fühle nicht!" Am besten ignorierst du sie und formulierst sie um:

★ „Ein Indianer kennt keinen Schmerz!" = **Schmerzen zeigen, körperliche und seelische Grenzen wollen gespürt und geheilt werden.**

★ „Echte Kerle weinen nicht!" = **Tränen sind die Waschanlage der Seele, denn Gefühle müssen raus.**

★ „Was uns nicht umbringt, macht uns härter!" = **Erfahrungen lassen mich wachsen und reifen, machen mich stark und selbstsicher.**

Trau dich doch mal und sprich mit deinem Vater (Opa, Trainer, Nachbarn) über seine Gefühle. Wann hat er welche und wie zeigen sie sich? Wann ist er froh, stolz, traurig? Welche Worte hat er dafür oder welche Rituale? Wann weint er? Findest du das zu mädchenhaft?
Aha, merkst du was ...?

Gefühle machen stark! Wenn wir Gefühle haben und zeigen, sind wir verletzlich, aber genau das macht uns kreativ und produktiv. **Denn letztlich sind Liebe und Leidenschaft der Motor, der uns antreibt und im Leben weiterbringt.** Egal, ob es sich um ein Hobby, einen Menschen oder eine Sache handelt. Wenn du verliebt bist, egal ob in ein Mädchen oder in einen Jungen, sind das auch Gefühle. Verdammt schöne. Und echte.

Tapfere Männer haben Gefühle und sie schämen sich ihrer nicht. Zum Glück gibt es aktuell jede Menge sehr harte Kerle, die ihre Gefühle zeigen. Denke z. B. an den weinenden Justin Bieber oder Samu Haber.

TOTAL WÜTEND

Kennst du das: Ein Wort, ein Blick, eine Reaktion genügt und du könntest ausrasten! **Am liebsten würdest du laut herumschreien.** Oder irgendetwas zerstören. Vielleicht kennst du dieses Gefühl auch gar nicht, vielleicht bekommst du aber die Wutanfälle anderer zu spüren. Den einen gelingt es leichter, den anderen weniger gut, ihre Gefühle unter Kontrolle zu bringen. Und meistens werden Wutgefühle auch schon im Keim erstickt, weil sie nicht erlaubt werden. Aber Wut muss raus. **Wut tut gut**! Und wütende Menschen sind nicht gleich schlechte Menschen. Wut hilft dir mitunter, deinen Platz innerhalb der Gesellschaft zu finden. Du darfst wütend über eine ungerechte Mathenote sein oder wenn dir deine Mutter die neuen Sneaker verbietet. Das darfst du sagen oder zeigen. **Aber es ist überhaupt nicht okay, deine Wut lautstark an anderen auszulassen und Dinge mutwillig zu zerstören.** Weil du damit andere verletzt. Und letztlich auch dich selbst.

TIPP

So erkennst du, dass ein Wutanfall im Anmarsch ist

Dein Körper lädt sich volle Kanne auf, du merkst es am Herzklopfen, Muskelanspannung, schnelle Atmung und Zittern …

Wenn du merkst, dass du schnell wütend wirst, und das selbst nicht gut findest, probiere aus, wie du deine wütenden Gefühle besser kontrollieren kannst, bevor du deine Wut an anderen auslässt: Tief durchatmen! Umdrehen. Und dann ganz langsam bis zehn zählen. Warte, bis das Wutzittern vorbei ist. Ein weiterer Trick ist ein Codewort, das dich in „wütenden Situationen" daran erinnert, dass gerade etwas schiefläuft und du besser auf deinem Zimmer verschwinden solltest. Denke dir etwas Lustiges aus, zum Beispiel „Marsupilami" oder „Ananas" und triff eine entsprechende Vereinbarung mit deinen Eltern, Geschwistern und Freunden. Wenn du lieber für dich alleine wütend sein willst, besorge dir einen Brülleimer, in den du hineinschreien kannst.

GANZ WICHTIG IST ABER HERAUSZUFINDEN, WARUM DU IMMER SO SCHNELL WÜTEND WIRST UND BEI JEDER GELEGENHEIT AUSTICKST.

⭐ Du fühlst dich persönlich angegriffen und beleidigt, sobald jemand eine Bemerkung in deine Richtung loslässt. Sorge für mehr Selbstvertrauen und versuche, die Bemerkungen an dir abprallen zu lassen.

⭐ Wenn dir etwas misslingt (Hausaufgaben, Spiel), bist du sofort frustriert. Versuche spielerisch mit Erfolgen und Misserfolgen umzugehen, indem du mit Familie und Freunden öfters Brettspiele spielst.

⭐ Du würdest gerne bestimmen und recht behalten, wenn ihr diskutiert. Mach dir klar: Es gibt mehr als nur eine Wahrheit. Immer. Je eher du das akzeptieren kannst, desto leichter hast du es.

TIPP
Stark wie ein Baum

Stell dich mit beiden Füßen fest auf den Boden und bewege dich wie ein Baum im Wind. Erst langsam, dann immer stürmischer und wilder, so heftig du kannst. Aber die Füße bleiben dabei fest verankert. Atmen nicht vergessen! Dann lässt der Wind wieder nach und der Baum – und du! – kommt wieder zur Ruhe.

TIPP
Lass es raus!

Wenn du aber das Gefühl hast, deine Wut muss raus, dann zerreiße Karton oder Papier, suche dir einen Boxsack, ein Stück Holz oder Kissen – und nicht deinen Mitschüler.

53

Hand aufs Herz, es gibt da das eine oder andere Mädchen, das findest du ganz nett, oder? Sie ist anders als die anderen, lacht besonders süß und hat eine ganz Menge auf dem Kasten. Immer, wenn du sie siehst, schlägt dein Herz höher. Und: Sobald du in ihre Nähe kommst, verhältst du dich wie der letzte Idiot. Redest blödes Zeug. Bekommst einen roten Kopf. Lässt deine Bücher fallen. Eben weil sie dich komplett durcheinanderbringt. **Klare Sache: Du bist verknallt!** Aber wie kommst du jetzt an sie ran?

Wenn du ihre Handynummer hast, bitte sie um ein Date. Verabredet euch an einem neutralen Ort, in der Stadt, im Café. Zum Frühstück. Oder Klettern. Oder im Museum. Oder sprich sie einfach an. Trau dich, du hast nichts zu verlieren! Einfach den Mund aufmachen, Hallo sagen und der Rest ergibt sich dann von selbst. Je mehr du darüber nachdenkst, desto komplizierter wird es. Natürlich ist es ungünstig, wenn sie ständig von ihren Freundinnen umgeben ist und du sie nie alleine erwischst. Versuche herauszufinden, wann sie alleine unterwegs ist, dann hast du es einfacher. Wenn sie dir eine Absage erteilt, sei nicht traurig, sondern stolz auf dich! Du warst mutig und hast zu dir und deinen Gefühlen gestanden, das können nicht viele von sich sagen. **Klarheit ist manchmal schmerzhaft, aber immer noch besser, als quälend unglücklich verliebt zu sein.** Und du weißt wenigstens, woran du bist, und musst dir keine unnötigen Hoffnungen machen.

Voll verliebt sein ist wie ein **GLÜCKSRAUSCH**! Kein Wunder, dass du alles um dich herum vergisst und die Welt in rosaroten Farben siehst.

Unser **GEHIRN** kann übrigens nicht unterscheiden, was es in diesen Erregungszustand versetzt: das Verliebtheitsgefühl oder eine gefährliche Situation.

INFO

DARAN MERKST DU, DASS DU VERLIEBT BIST:

★ Du suchst gerne ihre Nähe.
★ Du reagierst auf jeden Post von ihr.
★ Dir fällt auf, wenn sie neue Klamotten hat.
★ Du reagierst auf jede Bemerkung von ihr.
★ Du bist ganz aufgeregt, wenn du sie triffst.

DARAN MERKST DU, DASS SIE SICH FÜR DICH INTERESSIERT:

★ Sie lächelt, wenn sie dich sieht.
★ Sie sucht deine Nähe.
★ Sie reagiert auf deine Posts.
★ Sie unterhält sich gerne mit dir.

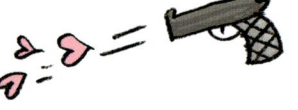

Dein erstes Date steht bevor – und du bist schon wieder aufgeregt. Überlegst dir, welche Klamotten du anziehen sollst, wie du deine Haare stylst oder ob du dich rasieren sollst?! Oder ein neues Deo ausprobierst? Okay, ganz langsam und zum Mitschreiben: **Sie möchte DICH treffen und keine verkleidete Version von dir.** So schwer dir das fällt und sich auch anhört: Verhalte dich einfach ganz normal und natürlich. Und mach dir klar: **Sie ist mindestens genauso aufgeregt wie du.**

TiPP

So-geht-nichts-schief-Tipps

★ Ziehe deine Lieblingsklamotten an!
★ Höre deine Lieblingsmusik. ★ Ruf deinen besten Kumpel an und macht ein paar Witzchen.
★ Überlege dir ein nettes Kompliment für sie.
★ Lege dir ein paar coole W-Fragen zurecht, z. B. „Welche Musik hörst du gerade?"
★ Lass dein Handy während eures Dates in der Hosentasche.

FRAGEN ÜBER FRAGEN

▶ **Ich bekomme meine Nervosität nicht in den Griff. Was soll ich tun?**
Gib es zu! Wetten, dass sie dich total cool findet und genauso nervös ist?
Und dann lacht darüber, etwas Besseres kann dir nicht passieren!

▶ **Woran merke ich, ob ich sie langeweile?**
Sie guckt ständig auf die Uhr und/oder ihr Handy und redet kaum ein Wort.
Wechsle einmal das Thema, vielleicht kann sie zu deinem gerade einfach nichts sagen.
Oder sie ist einfach schüchtern.

▶ **Woran merke ich, ob sie mich wiedersehen möchte?**
Sie erzählt von spannenden Cafés oder Partys oder Kinofilmen ... alles Gelegenheiten,
um einzuhaken und gleich das nächste Date auszumachen. Und bei jedem Treffen
kommt ihr euch ein Stück näher!

▶ **Woran merke ich, dass sie mich mag?**
An ihrem Lächeln, an der Art, wie sie dir nahe ist. Und auch, ob sie deine Bewegungen
nachmacht. Kopf- und Armhaltung, Haare aus dem Gesicht streichen ...

▶ **Wie komme ich ihr näher?**
Suche den Körperkontakt, leichte Berührungen an Arm und Schulter, greife nach
ihren Händen und halte sie fest. Vielleicht machst du ihr auch ein nettes Kompliment
(Schmuck, Klamotten). Lässt sie es zu, bist du schon einen großen Schritt weiter.
Wenn nicht, bedränge sie nicht. Das hat erst mal gar nichts zu sagen.

▶ **Darf ich sie beim ersten Date küssen?**
Kommt drauf an, wie gut ihr euch schon kennt und ob sie deine Berührungen mag.

▶ **Wie begrüße/verabschiede ich mich beim ersten Date?**
Wenn ihr euch gut kennt, mit Küsschen-Küsschen, wenn nicht, umarme sie
zum Abschied herzlich und sage, wie sehr dir die Zeit mir ihr gefallen hat.

▶ **Woher weiß ich, ob ihr unser Date gefallen hat?**
Gegenfrage: Hat es dir gefallen? Hast du dich wohlgefühlt mit ihr?
Wenn alles gut ist, gibt es keine Fragen.

WIE GEHT KÜSSEN?

OMG!!

Der allererste Kuss ist superaufregend! Wer macht den Anfang? Wie funktioniert Küssen überhaupt? Wie schmeckt der andere? **Nicht denken, machen!** Lass dich von deinen Gefühlen leiten, genieße mit allen Sinnen, dann küsst es sich (fast) von selbst. Wichtigste Voraussetzung: Dir und deinem Kusspartner gefällt, was ihr da macht. Beim Küssen steigt die Atemfrequenz, es rast der Puls, die Gefäße weiten sich, der Kreislauf kommt in Schwung und ein Feuerwerk an Hormonen schießt durch deinen Körper – die reinste Energiespritze!

Es ist egal, wer von euch wen zuerst küsst. Wichtig ist, dass ihr es beide wollt. Wenn du spürst, dass dein Date zögert oder sie ihren Kopf wegdreht, interpretiere die Signale richtig als ein Nein. Vielleicht ist dein Schwarm noch nicht so weit, vielleicht will er dich einfach nur gerade in diesem Moment nicht küssen. Wenn du dir unsicher bist, frage. Nur so findest du heraus, was wirklich los ist. **Respektiere Grenzen! Nein heißt Nein!**

TIPP

Kuss-Killer
Mundgeruch, Essensreste, Kurbelzunge, zu viel Spucke und Bartstoppeln. No-Go: Kaugummi!

Ein **Knutschfleck** ist wie ein blauer Fleck, je nach Größe und Intensität kann es bis zu vier Wochen dauern, bis er verschwindet. Er entsteht durch durchaus zärtlich gemeintes Saugen und Beißen. Dabei platzen die kleinen Blutgefäße unter der Haut, das Blut verteilt sich in das umliegende Gewebe und verfärbt sich von Rot über Blau zu Grün und Gelb. Keine Angst, das ist nicht gefährlich.

BEI ALLER KÜSSEREI GILT: DER KÖRPER KÜSST MIT!

★ **Wangenküsse** sind liebe Freundschaftsbeweise zur Begrüßung.
★ **Schmetterlingsküsse** sind sanft und spielerisch. Dabei „flattert" der Mund weich und zärtlich über die Haut des Partners.
★ **Romantikküsse** sind kleine, neckende Knabberküsse an Mund, Nase und Ohren.
★ **Abschiedsküsse** müssen unbedingt nach Wiedersehen schmecken.
★ **Zungenküsse** sind absolute Lustmacher. Dabei taucht die Zunge in den Mund des Kusspartners, erforscht dessen Gaumen, spielt mit der Zungenspitze, mal sanft, mal zärtlich, mal stürmisch.

ALLES LIEBE

Du schwebst auf rosaroten Wolken, könntest Tag und Nacht laut singen und steckst voller Gefühle, die du bisher nicht kanntest. Die Gefühle sind da und wollen raus – zeige sie! Klar machen sie verletzlich, aber nur, wenn du etwas von deinem Gegenüber erwartest und meinst, es müsse genauso empfinden und sich verhalten wie du. **Mach dir klar: Jeder ist anders. Und jeder liebt anders.**

FOREVER

Das klingt jetzt kompliziert, hilft dir aber, bei dir zu bleiben. DU bist verliebt, DU findest sie toll, DU würdest am liebsten ständig in ihrer Nähe sein. Das bedeutet nicht, dass du deine Interessen und Bedürfnisse verleugnen sollst. Das bedeutet nur, dass du deinen Partner sein lässt, wie er ist, und dich über eure Beziehung freust.

Gefühle machen verletzlich. Aber Gefühle können auch ein großer Motor sein, deine Liebe und Leidenschaft für einen Menschen, für eine Sache. Und wenn du dich traust zu fühlen, ganz aus dir heraus zu handeln, kannst du nur gewinnen. Oder anders formuliert: **Verletzlichkeit macht dich gleichzeitig mutig,** neue Dinge zu wagen, von denen du nicht genau weißt, wie sie ausgehen (eine Freundschaft, eine neue Idee, einen Traum realisieren), die du aber unbedingt ausprobieren musst.

Tipp

Trau dich!
„Ich liebe dich" kommt nicht immer so leicht über die Lippen, ein „Ich hab dich lieb" schon eher. Folgende Sätze sind auch schön:
⭐ „Ich habe dich vermisst."
⭐ „Du riechst gut."
⭐ „Es ist schön mit dir."
⭐ „Ich bin gerne in deinen Armen."
⭐ „Ich freue mich auf dich."

Schön ist es auch, **Arm in Arm** durch die Gegend zu laufen, das ergibt sich meistens ganz von selbst. Lass deine Freundin spüren, dass du es magst, wenn sie dich umarmt und genieße ihre Nähe. Lass dir und euch Zeit, euch gegenseitig kennenzulernen und ganz zarte, erste körperliche Erfahrungen zu sammeln.

Mach dir keine Gedanken, ob du alles richtig machst, für Momente zu zweit gibt es keine Regeln. Es geht nur darum, dass ihr euch wohl zusammen fühlt. Und je weniger Fragen du hast, desto besser. Wenn dir danach ist, greife nach ihrer Hand, umarme sie, streichle sie. Es kann sein, dass du ihr zu offensiv bist, vielleicht ist sie aber auch unsicher und hat auf deine Initiative gewartet. **Wenn du es nicht ausprobierst, kannst du es nicht wissen.** Du hast nichts zu verlieren, nur zu gewinnen. Also los, worauf wartest du?

WER LIEBT WEN?

Unsere Gesellschaft ist eindeutig hetero-normativ (so der Fachausdruck) geprägt, das heißt, in unserer Gesellschaft gehen wir davon aus, dass sich Jungen immer von Mädchen sexuell angezogen fühlen und umgekehrt. Es gibt aber auch Menschen, bei denen sich das nicht so verhält. **Jungen, die sich in Jungen verlieben, werden schwul genannt. Mädchen, die sich in Mädchen verlieben, lesbisch.** Für viele Jungen ist es befremdlich, wenn sie im Laufe ihrer Entwicklung bemerken, dass sie sich nicht wie ihre Freunde zu Mädchen und Frauen hingezogen fühlen, sondern für Männer empfinden. **Sei aber versichert: Auch das ist völlig in Ordnung, denn die Liebe kennt kein Geschlecht!**

EINIGE BEISPIELE FÜR SEXUELLE ORIENTIERUNGEN:

HOMOSEXUELL: Wer sich sexuell vom gleichen Geschlecht angezogen fühlt.

HETEROSEXUELL: Wer sich sexuell vom anderen Geschlecht angezogen fühlt.

BISEXUELL: Wer sich sexuell von zwei Geschlechtern angezogen fühlt.

ASEXUELL: Wer kein Interesse an Körperlichkeit und Sex hat.

INFO

SCHWUL meint im Wortursprung „drückend warm, heiß" und fand um 1900 herum Eingang in unsere Umgangssprache. Lange Zeit galt es als eine abwertende Bezeichnung, bevor es seit 1980 von Homosexuellen selbst und neutral verwendet wird.

Coming-out sagt man, wenn sich jemand öffentlich zu seiner Homosexualität bekennt, egal, ob Mädchen oder Junge. Du hast genügend Zeit, herauszufinden, für welches Geschlecht du dich interessierst, und musst dich nicht unnötig unter Druck setzen. Ganz bestimmt aber bist du mit diesen verwirrenden Gefühlen nicht alleine. Wenn du eng mit deinem allerbesten Kumpel bist, ihn gerne in den Arm nimmst und seine Nähe spürst, bedeutet das nicht gleich, dass du in ihn verliebt und schwul bist. Lass dir Zeit und versuche herauszufinden, was du wirklich empfindest.

Die Auffassung, dass es unter den Menschen mehr gibt als männlich/weiblich/heterosexuell, wird mit der Abkürzung **LGBTQ** und z. B. der **Regenbogenfahne** zum Ausdruck ge-bracht. LGBTQ steht dabei für lesbian (= lesbisch), gay (= schwul), bisexual (= bisexuell), transgender (s. S. 64/65) und queer/questioning (= steht für alles andere, was von der Norm abweicht).

INFO

TRANSVESTIT: Jemand, der das Bedürfnis hat, ab und zu die Kleidung des „Gegengeschlechts" zu tragen und so in eine andere Geschlechterrolle zu schlüpfen. Das muss aber nicht zwangsläufig etwas mit seiner sexuellen Orientierung zu tun haben (nicht zu verwechseln mit **TRANSGENDER**, dazu mehr auf der nächsten Seite).

WER BIN ICH?

TIPP

Wie denkst du darüber?

⭐ Wann ist ein Mann ein Mann und eine Frau eine Frau? ⭐ Reden wir über Mädchen anders als über Jungs? ⭐ Was ist eigentlich gemeint mit „typisch weiblich/männlich" und gibt es das überhaupt?

Das ist eine elementare Frage, bei der die eigene **Geschlechtsidentität**, also die Frage, ob sich jemand als Mann oder als Frau fühlt, egal, mit welchen Geschlechtsmerkmalen er geboren wurde, eine zentrale Rolle spielt. Für viele ist das von Geburt an klar und die allermeisten können sich eindeutig als Mädchen oder Junge identifizieren und finden ihre entsprechenden (Rollen-)Vorbilder in der Gesellschaft.

Mit anderen Worten: Durch die Geburt wird das biologische Geschlecht festgelegt (im Englischen wird hierfür der Begriff „sex" verwendet), also Geschlechtsmerkmale, Körperbau und die Frage, ob du Kinder zeugen oder gebären kannst. **Erst durch die Erziehung und die gesellschaftlichen Erwartungen werden soziale Unterschiede zwischen den Geschlechtern gemacht**. Für dieses soziale, gesellschaftlich konstruierte Geschlecht wird im Englischen der Begriff „gender" gebraucht.

Transgender sind Menschen, die sich nicht dem Geschlecht zugeordnet fühlen, das ihnen bei der Geburt zugeschrieben wurde. Von **Intersexualität** spricht man, wenn Geschlechtsmerkmale bei der Geburt nicht eindeutig männlich oder weiblich sind. Manche Menschen lehnen es auch rundheraus ab, in „Schubladen" gesteckt zu werden. Sie fühlen sich am wohlsten, wenn sie kein eindeutiges Geschlecht zugewiesen bekommen.

INFO

Auch in der Sprache tut sich was: Die Verwendung des **GENDERSTERN-CHENS*** macht deutlich, dass mehrere Geschlechter gemeint sind. Eine geschlechtergerechte Sprache ist wichtig, um immer wieder klarzumachen, dass alle Menschen, egal als was sie sich definieren, gleichgestellt sind.

DIESE WITZIGE FIGUR HAT ES IN SICH!

„The Genderbread-Person" – von „Gingerbread" (= Lebkuchen) abgeleitet – steht für **„diversity", also für kulturelle Vielfalt, meint die Anti-
diskriminierung jeglicher Personen in unserer Gesellschaft** und zeigt
sehr anschaulich, wie sich die Identität eines jeden Menschen zusam-
mensetzen kann.

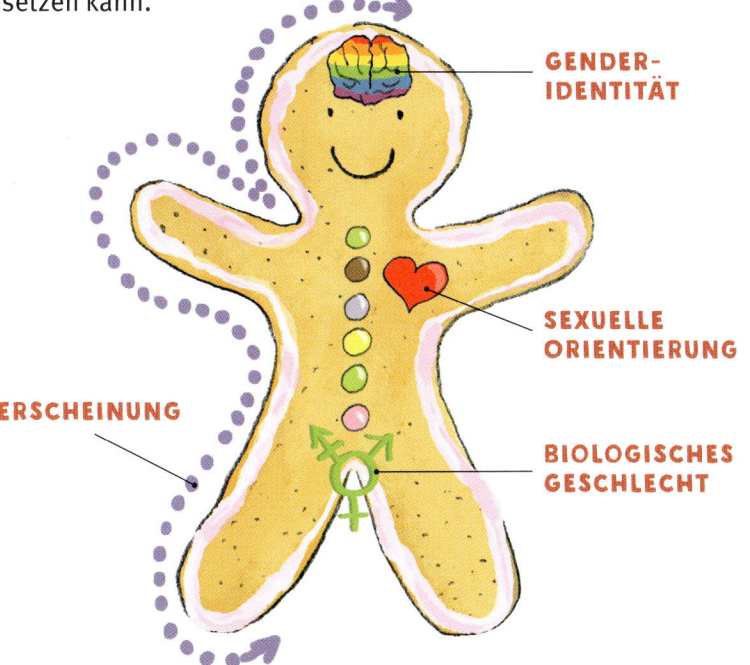

GENDER-
IDENTITÄT

SEXUELLE
ORIENTIERUNG

ERSCHEINUNG

BIOLOGISCHES
GESCHLECHT

SEXUELLE ORIENTIERUNG (= ATTRACTION)
Wovon und von wem du dich geistig, seelisch und körperlich angezogen fühlst.

GENDER-IDENTITÄT (= GENDER IDENTITY)
Alles, was du über dich denkst, was du fühlst und was dich ausmacht.

BIOLOGISCHES GESCHLECHT (= ANATOMICAL SEX)
Alle Merkmale, die sicht- und messbar sind wie Brüste, Eierstöcke, Vulva,
Hormone, Hoden, Penis oder Barthaare.

ERSCHEINUNG (= GENDER EXPRESSION)
Die Art und Weise, wie du dich in Bezug auf die traditionellen Rollen kleidest,
verhältst und ausdrückst.

SEX UND INTIMITÄT

KENNST DU DIESE WÖRTER?

Erektion

Sex

Liebe machen

Pille

Verhütung

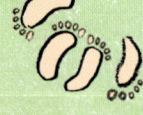

Kondom

Sperma

Petting

Höhepunkt

Penis

Befruchtung

Analsex

Geschlechts-
verkehr

Klitoris

Eichel

Küssen

Oralsex

Hoden

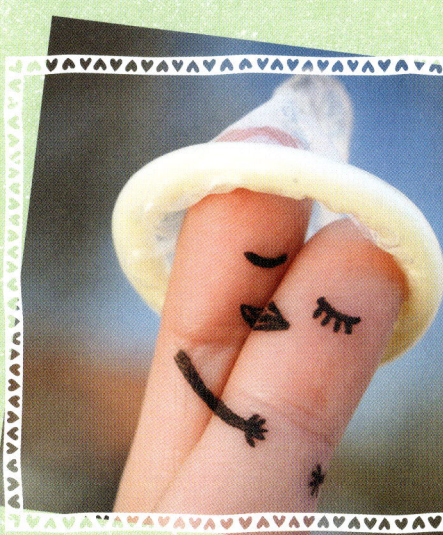

Selbst-
befriedigung

Porno

Orgasmus

Vulva

DEIN PENIS

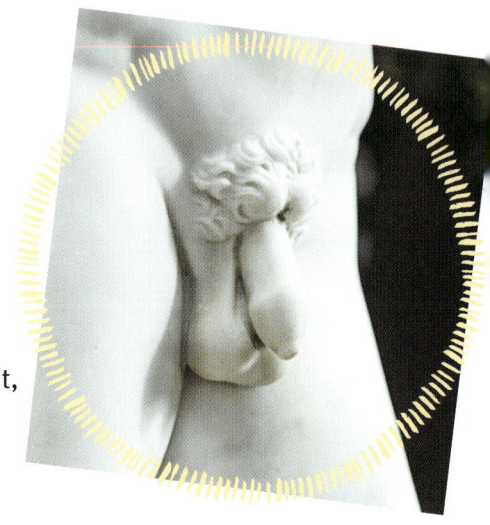

Dein Penis – von klein auf erfährt dieses Körperteil eine besondere Aufmerksamkeit, beim Pinkeln, beim Waschen, immer wieder fasst du ihn an. Für dich ist dein Penis ein Teil von dir und du weißt, wie empfindlich er auf Reize reagiert, ob Kälte, Hitze, Berührung oder Schmerz. Und wahrscheinlich kennst du auch von klein auf die Körperkommentare dazu: zu klein, zu dick ... **Kein Wunder, denn in fast allen Kulturen und Gesellschaften steht der erigierte Penis für Manneskraft, Macht und Potenz.** Denke nur an entsprechende Symbole wie Raketen, Wolkenkratzer oder Maschinenpistolen.

Entsprechend werden schon kleine Jungs nach der Länge ihres Penis beurteilt (das ist ähnlich wie bei Mädchen und ihren Brüsten, mit dem Unterschied, dass der Penis meistens dann ja doch nicht für alle sichtbar ist). Oder nach ihrer Form: Bei den meisten Jungs ist die Eichel dicker als der Schaft, man spricht von einem Flakonpenis. Besitzt er durchgängig den gleichen Umfang, spricht man von einer Zylinderform, ist die Peniswurzel dicker als die Eichel, sagt man Kegel.

FUN FACTS:

Von wegen! Die Fußgröße sagt nichts über die Penislänge aus und die Nase eines Mannes nichts über seine Penisform.

Die Länge wird von der Peniswurzel bis zur Spitze der Eichel gemessen, der Umfang in der Mitte des Penisschafts. Im Durchschnitt ist ein ausgewachsener Penis im schlaffen Zustand 7,3–9 Zentimeter lang, 13–15,4 Zentimeter im erigierten. Sein Umfang misst entspannt 7,6 und erregt 11,1 Zentimeter. **Im erigierten Zustand sind alle Penisse annähernd gleich groß!**

IMPOTENZ bedeutet, dass ein Mann keine Erektion bekommt. Das kommt selten und meistens erst bei älteren Männern vor.

INFO

TIPP

Coole Antworten auf doofe Kommentare
★ In der Kürze liegt die Würze.
★ Lieber klein und hart als groß und schlaff. ★ Lieber einen kleinen Schwanz als kein Hirn.
★ Kleine Waffen treffen besser ins Ziel!

Lass dich nicht verunsichern! **Dein Penis ist genau richtig und passt zu dir.** Und weder Länge noch Form noch Dicke sagen etwas über dich, deine Zeugungsfähigkeit und wie toll du beim Sex bist, aus. Und ob du Links- oder Rechtsträger bist, interessiert auch keinen Mensch. Oder?

Jonas   Matze   Timo   Ben   Sami   Emir

SCHÖN GETRÄUMT

Es passiert, während du schläfst, fühlt sich großartig an und zaubert dir ein fettes Grinsen ins Gesicht. Nicht, weil du am Morgen mit einer feuchten Unterhose aufwachst, sondern weil du über Nacht zum Mann geworden bist. So wie bei Mädchen die erste Periode ihre **Geschlechtsreife** bedeutet, ist beim Jungen der **erste Samenerguss das Zeichen dafür, dass du ab sofort Kinder zeugen kannst** (siehe dazu auch „So entsteht ein Baby"auf S. 90/91). Über Nacht hat dein Penis geübt, ist steif geworden und hat die in den Hoden produzierten Spermien „losgeschossen". Das passiert von dir meistens unbemerkt, du erinnerst dich nur daran, dass es schön war. Deswegen spricht man auch von „feuchten Träumen".

Während du schläfst und träumst, kommt es etwa alle ein- bis eineinhalb Stunden zu einer **EREKTION**. Das ist normal, gut und gesund! Und erkennbar an deiner Morgenlatte. Übrigens haben auch Mädchen erotische Träume.

INFO

FRAGEN ÜBER FRAGEN

▶ **Wenn ich kalt dusche, werden Penis und Hoden ganz klein.**
Keine Sorge! Das ist ein natürlicher Schutzmechanismus,
um deine Körpertemperatur für die Samen zu halten.

▶ **In meinen Hodensäcken sind so komische Kugeln.**
Das sind deine Hoden. Alles richtig!

▶ **Mein Penis ist so klein und wächst nicht.**
Tut er, ganz bestimmt.

▶ **Mein linker Hodensack ist größer als der rechte.**
Das ist normal, kein Ei gleicht dem anderen.

▶ **Mein Penis hat Pickel.**
Nichts Ungewöhnliches, aber wenn sie jucken oder nässen,
gehe bitte zum Arzt.

▶ **Mein Penis wird manchmal steif und hart.**
Unabhängig von Wachstum und Pubertät kann es zu Erektionen kommen.

▶ **Mein Sperma riecht anders als sonst.**
Es könnte sein, dass du zu viel Knoblauch gegessen hast. Oder es könnte
eine Infektion vorliegen. Gehe sicherheitshalber zum Arzt, wenn es andauert.

Warum entwickelt sich in der Pubertät ein plötzliches Interesse an Sex?
Die Natur hat folgenden Plan: Einmal pro Monat reift im Mädchenkörper
eine Eizelle, etwa ab dem 12. Lebensjahr, die etwa nur 24 Stunden lang
befruchtungsfähig ist. Man(n) weiß aber nie so ganz genau, wann das sein
wird – deswegen müssen Männer allzeit bereit sein, wenn sie für Nach-
wuchs sorgen wollen. Das sagt der biologische Plan. **Dein Penis übt also
mit diesen Testläufen, startklar zu sein, wenn es darauf ankommt.** Doch
als moderner Junge des 21. Jahrhunderts lernst du ganz schnell, deine
Impulse zu kontrollieren, keine Sorge. Denn schließlich leben wir nicht
mehr in der Steinzeit!

DER ORGASMUS

OMG!!

Wenn ein Junge sexuell erregt wird, werden seine Brustwarzen hart und sein Penis samt Hoden schwillt an. Dabei sondert der Penis eine Flüssigkeit ab – einen Lusttropfen, der wie ein Gleitmittel funktioniert, damit sich die Vorhaut leichter über der Eichel bewegen kann. Gleichzeitig veranlasst das Gehirn mithilfe von chemischen Botenstoffen, dass der Penis groß und steif und die Lust immer größer wird, bis sich die Erregung in einem Orgasmus entlädt.

Der Orgasmus selbst ist nur wenige Sekunden lang und geht einher mit dem Samenerguss (Ejakulation). Kurz bevor dieser stattfindet, staut sich die Samenflüssigkeit in der Kuppel der Prostata an und der Harnleiter zur Blase schließt sich. Durch eine Reihe von Muskelkontraktionen wird die Samenflüssigkeit mit den Spermien ausgestoßen. Es kann sogar sein, dass sie richtig herausschießen: etwa 200 Millionen Spermien. Mit einer Geschwindigkeit zwischen 14 und 18 Kilometer pro Stunde! In dem Moment des Orgasmus empfindet der Junge ein sehr schönes Gefühl.

In den durchschnittlich 4-6 Millilitern **EJAKULAT** (= etwa ein Teelöffel voll) befinden sich ca. 200 Millionen Samenzellen. Ein Spermium ist 0,06 Millimeter groß und legt auf seinem Weg zum Eierstock ca. 15 Zentimeter Strecke zurück, dabei schlägt es mit seinem Schwanz, um sich fortzubewegen.

INFO

Sperma hat einen eigenen, spezifischen Geruch. Nach dem Genuss von Knoblauch riecht es anders als nach dem Verzehr von Ananas …
Die Menge des Ejakulats variiert und ist abhängig von Frequenz, Ernährung und sonstigen Umständen. Je häufiger ein Junge einen Samenerguss hat, desto weniger kommt heraus, weil der Körper mit der Produktion nicht nachkommt. Doch der Körper sorgt für Nachschub. Neue Samenzellen wachsen innerhalb von acht Wochen regelmäßig nach. Übrigens beinträchtigen Rauchen und Alkoholkonsum die Spermienproduktion und -qualität.

> **ORGASMUS** und **EJAKULATION** sind nicht automatisch das Gleiche. Es gibt Orgasmen ohne Ejakulation und Ejakulationen ohne Orgasmus.
>
> INFO

PORNO UND FANTASIEN

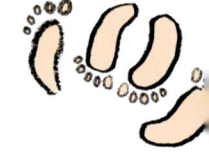

Pornos und Filmchen gucken ist für Jugendliche unter 18 verboten, trotzdem gehört es irgendwie zur sexuellen Entwicklung dazu. In der Regel gucken mehr Jungs als Mädchen. In Pornos geht es um die explizite Zurschaustellung sexueller Handlungen und Geschlechtsteile, die den Zuschauer erregen sollen. **Die Darstellung im Film hat mit echtem Sex und den Gefühlen dabei nichts zu tun**.

Die Wirklichkeit ist anders! Und: In den meisten Pornos werden Frauen in absolut erniedrigenden Posen gezeigt. Die explizite Darstellung der Geschlechtsteile und des Geschlechtsaktes endet so gut wie immer mit dem männlichen Orgasmus, meistens außerhalb der Vagina und auf dem Körper oder im Gesicht der Frau. Nur selten wird die Lust und Befriedigung der Frau gezeigt, die Grenzen zur Nötigung und Gewalt sind fließend – mal ehrlich: In Wirklichkeit möchtest du doch lieber einvernehmlichen Sex, bei dem deine Partnerin genauso viel Spaß hat wie du, oder? Es ist aber völlig okay, wenn dich das Schauen von Pornos anmacht.

FRAGEN ÜBER FRAGEN

▶ **Was machen, wenn dich deine Freunde zum Pornogucken überreden?**
Am besten du stehst einfach auf und gehst.
▶ **Was machen, wenn du pornografische Bilder gesehen hast und sie dich nicht mehr loslassen, weil du sie eklig findest?**
Auch wenn es dir peinlich ist: Sprich mit jemandem darüber!
▶ **Was machen, wenn dir jemand einen Porno zuschickt?**
Löschen! Nicht angucken. Derjenige macht sich strafbar, denn pornografisches Material darf in Deutschland nicht für Kinder und Jugendliche zugänglich gemacht werden.

EINMAL IM NETZ, IMMER IM NETZ!

Sexting meint das Verschicken von erotischen Fotos. Es kann lustig sein, aber megapeinlich, wenn deine Ex sauer auf dich ist und das Foto online stellt oder verschickt, da hilft dir auch die Rechtslage nichts. Andersherum darfst du von einem Mädchen auch nicht ungefragt ein Foto verbreiten. Besser, du lässt dich erst gar nicht darauf ein.

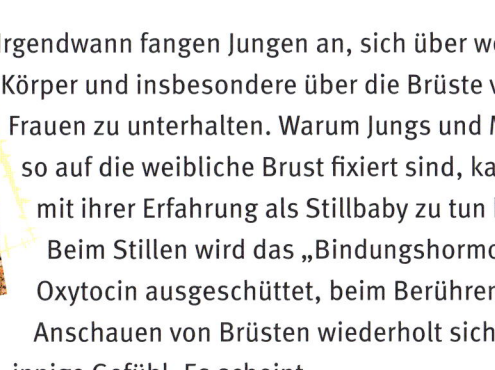

Irgendwann fangen Jungen an, sich über weibliche Körper und insbesondere über die Brüste von Frauen zu unterhalten. Warum Jungs und Männer so auf die weibliche Brust fixiert sind, kann etwas mit ihrer Erfahrung als Stillbaby zu tun haben: Beim Stillen wird das „Bindungshormon" Oxytocin ausgeschüttet, beim Berühren und Anschauen von Brüsten wiederholt sich das gleiche, innige Gefühl. Es scheint also weniger um sexuelle Lust als um das Bedürfnis nach Bindung und Nähe zu gehen.

So oder so: **Brüste sind einfach schön!** Ihre Größe sagt nichts über die Gebärfreudigkeit einer Frau aus.

SOLOSEX

Sexuelle Selbstbefriedigung bedeutet Stimulation, Streicheln und Reiben der eigenen Geschlechtsorgane bis hin zum Orgasmus. Früher galt Selbstbefriedigung als schwere Sünde und sogar als gesundheitsschädlich. Manche Mediziner glaubten, Selbstbefriedigung mache krank – ein Vorurteil, dem du heute hoffentlich nicht mehr begegnest! Seinerzeit gab es jedoch harte Strafen und man versuchte, Jugendlichen durch das Abbinden der Hände und der Geschlechtsteile das Masturbieren auszutreiben.

Längst ist bekannt, dass Selbstbefriedigung wichtig für die körperliche und sexuelle Selbsterfahrung ist. Denn du erkundest für dich alleine und in deinem Tempo, was du schön und lustvoll findest. Solosex tut gut, baut Stress ab und entspannt. Viele Jungen und Mädchen genießen es sehr, sich selbst zu streicheln und ihren Penis oder ihren Kitzler zu stimulieren. Nach Umfragen masturbieren 80 % aller Frauen und 95 % aller Männer regelmäßig. Wenn du aber keinen Spaß daran hast, ist das auch völlig okay.

ONANIE bedeutet Selbstbefriedigung, abgeleitet von der biblischen Figur Onan, der aber kein Meister im Masturbieren war, sondern sich des *Coitus interruptus* „schuldig" gemacht hatte (siehe dazu auf Seite 84).

INFO

Spermaflecken auf dem Laken müssen dir nicht peinlich sein! Wenn doch oder weil dir deine Mutter unangenehme Fragen stellt, benutze Taschentücher oder Klopapier. Manche Jungs ejakulieren auf den Bauch und wischen es dann weg, andere befriedigen sich selbst unter der Dusche oder in der Badewanne, da spült das Wasser alles weg.

TIPP

Welche Wörter kennst du noch?

Wichsen, die Rebe schütteln, einen von der Palme wedeln, fünf gegen einen ...

FUN FACT:

Ob mit Rüssel, Flosse oder Hand, weiblich oder männlich, **auch Tiere machen es sich selbst!** Weil es Lust und Spaß macht. Weil sie damit die Spermienproduktion ankurbeln (männliche Säugetiere) oder weil sie so die Scheidenmuskeln trainieren (weibliche Säugetiere).

OMG!!

NEIN HEIßT NEIN

Kitzeln, Kuscheln und Schmusen sind etwas Wunderschönes. Wir Menschen brauchen Körperkontakt, um uns wohlzufühlen. Ob mit deinen Eltern, Geschwistern oder Freundinnen und Freunden, es ist einfach ein schönes Gefühl, Zärtlichkeiten und Berührungen auszutauschen. Aber manchmal kommt der Moment, da spürst du: Das will ich nicht, das gefällt mir nicht, da stimmt was nicht. **Vertraue auf dein Bauchgefühl!** Dein Körper gehört dir, niemand hat das Recht, dich gegen deinen Willen anzufassen. Egal, ob dich die Tante abschmatzen oder dich jemand auf seinen Schoß ziehen will. **Wenn du etwas nicht möchtest, brauchst du dir das nicht gefallen zu lassen.**

Nicht jede körperliche Berührung oder jedes Stück nackte Haut bedeutet gleich einen sexuellen Übergriff. Es ist ein Unterschied, ob ihr gemeinsam nackt unter der Dusche steht und Witze reißt – oder ob jemand dabei seinen Penis steif macht. Oder womöglich noch verlangt, dass du ihn anfasst oder mehr. **Wenn es zu sexuellen Handlungen gegen deinen Willen kommt, spricht man von sexuellem Missbrauch. Sexueller Missbrauch von Jugendlichen ist strafbar!** Die #metoo-Bewegung macht es dir vor: Unter diesem Hashtag kommen Millionen von Männern und Frauen zu Wort, die sexuell belästigt wurden.

TIPP

Such dir Hilfe! Lass dich nicht erpressen oder dir Schuldgefühle einreden. Suche dir unbedingt eine Vertrauensperson und erzähle, was passiert ist! Du musst dich dafür nicht schämen.

DARAN MERKST DU, DASS ETWAS NICHT OKAY IST:

★ Er/Sie glotzt ständig auf deinen Penis.

★ Er/Sie redet ständig über Sex.

★ Er/Sie will von dir alles Mögliche über Sex wissen.

★ Er/Sie macht lauter abfällige, sexistische Bemerkungen über Jungen und Mädchen.

★ Er/Sie berührt und fasst dich immer wieder an Po und zwischen den Beinen „zufällig" an.

★ Er/Sie fasst sich selbst an und macht z. B. seinen Penis steif.

TIPP

NEIN!

Das Wort Nein bekommen wir als Kinder gerne aberzogen, dabei ist es so wichtig, eine eigene Meinung und einen eigenen Willen zu haben! Nein sagen heißt auch, sich wie „Nein verhalten". Das kannst du üben, am besten gemeinsam mit deinem Kumpel, dann hat er auch etwas davon: Stellt euch Auge in Auge gegenüber, drückt eure Handflächen gegeneinander und versucht den anderen wegzuschieben. Ruft dabei ganz laut NEIN!

NEIN!!!

NEIN HEIßT NEIN!

★ Niemand darf dich dazu zwingen, Pornos anzugucken.

★ Niemand darf dich dazu zwingen, dich in seinem Beisein selbst zu befriedigen oder andersherum ihm dabei zuzugucken.

★ Niemand darf dich an Penis oder Po anfassen, wenn du das nicht willst.

★ Niemand darf Nacktfotos von dir machen.

★ Umgekehrt gilt ein Nein auch für dich. Respektiere Grenzen!

Küssen, Knutschen, Fummeln – Petting ist zärtlicher Sex ohne Geschlechts-verkehr. Beim Petting berühren und erregen Junge und Mädchen sich gegen-seitig mit Händen und Mund, ohne dass der Penis in die Scheide eingeführt wird. Mit oder ohne Klamotten, dafür mit ganz viel Gefühl und Leidenschaft werden gegenseitig sensible Körperstellen erkundet, zum Beispiel Ohrläpp-chen, Achselhöhlen, Arme, Wirbelsäule, Bauch, Brustwarzen, Kniekehle und natürlich auch die Genitalien. **Petting ist eine wunderbare Form, sich und den Körper des anderen lustvoll und mit allen Sinnen kennenzulernen**. Und außerdem eine gute Gelegenheit, die Scheu zu verlieren, sich nackt voreinander zu zeigen.

MITEINANDER SCHLAFEN

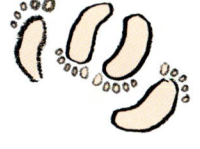

Geschlechtsverkehr ist das offizielle Wort für eine schöne Sache, nämlich das gegenseitige Eindringen und Verschmelzen mit dem anderen Körper. Andere sagen auch Liebe machen, Sex haben oder miteinander schlafen. Biologisch gesehen dient der Geschlechtsverkehr der menschlichen Fortpflanzung (siehe dazu auch „So entsteht ein Baby" auf Seite Seite 90/91) und natürlich macht es vor allem Spaß, weil in der Regel nur zwei miteinander schlafen, die sich lieben und gut verstehen und ihre Körper gegenseitig lustvoll und erregend empfinden. Dann dringt der Junge mit seinem steifen Penis in die Scheide des Mädchens ein und beide bewegen sich sanft und rhythmisch hin und her. Das finden Mädchen wie Junge erregend und schön und irgendwann entlädt sich die sexuelle Erregung in einem Orgasmus.

Miteinander schlafen kann man in verschiedenen Stellungen auf verschiedene Weisen und jedes Paar entwickelt im Laufe der Zeit seine Vorlieben: Der Junge liegt auf dem Mädchen oder umgekehrt. Oder das Mädchen sitzt auf seinem Schoß oder er liegt hinter ihr … Für den Anfang finden viele die „Missionarsstellung" am einfachsten, weil dann der Penis leichter in die Scheide eindringen kann, wenn der Junge auf dem Mädchen liegt. Bei aller Lust aber keinesfalls vergessen: Verhütung ist das A und O! (Mehr dazu ab Seite 84.)

FORTSETZUNG AUF DER NÄCHSTEN SEITE ⇨

Die **JUNGFERNHAUT** oder besser das Hymen ist ein kleines Häutchen im Scheideneingang, das keine Funktion besitzt, wie neuste Forschungen bewiesen haben. Stell es dir vor wie einen Donut, der bei jedem Mädchen unterschiedlich dick und dehnbar und bei manchen gar nicht vorhanden ist – deswegen tut der einen das Eindringen mehr, der anderen weniger weh.

Das erste Mal miteinander schlafen ist aufregend und vielleicht nicht immer so großartig, wie man sich das erträumt. Wann „es" so weit ist, bestimmst alleine du und ob du dich reif genug fühlst. Wenn Junge und Mädchen beide stark erregt sind, kann der Junge leicht eindringen, weil die Scheide feucht ist und sein Penis hart genug.

Der Junge bewegt seinen Penis dann rhythmisch in der Scheide und das Mädchen ihr Becken, sodass es sich für beide schön anfühlt. Dabei können sie sich auch gegenseitig küssen, mit den Händen streicheln, den Kitzler des Mädchens stimulieren ...

ORALSEX bedeutet Sex mit dem Mund. **CUNNILINGUS** nennt man es, wenn der Partner Vulva und Klitoris des Mädchens saugt, leckt und küsst. Als **FELLATIO** bezeichnet man es, wenn der Partner Penis und Eichel des Jungen in den Mund nimmt, saugt, küsst und leckt. Man sagt auch „Blowjob" oder „einen blasen" (obwohl es mit blasen eigentlich gar nichts zu tun hat). Beide können so zum Orgasmus kommen. Allerdings können auf diesem Weg Geschlechtskrankheiten übertragen werden, ein Kondom oder ein sogenanntes Lecktuch schützen davor.

Wenn der Junge erregt ist, wird der Penis hart, groß und steif und sondert sogenannte Lusttropfen ab, die Spermien enthalten können. **Wenn der Junge beim Petting zum Höhepunkt kommt und einen Samenerguss hat, muss er darauf achten, dass kein Sperma in die Scheide gelangt** (mehr über Verhütung ab Seite 84).

FRAGEN ÜBER FRAGEN

▶ **Warum tut es ihr beim ersten Mal weh?**

Muss es nicht. Aber vor lauter Aufregung verkrampft das Mädchen manchmal und „macht dicht", weshalb das Eindringen zwangsläufig nicht so angenehm ist.

▶ **Warum macht der Penis schlapp?**

Stress, Zeit- und Leistungsdruck und auch Aufregung können sich auf die sexuelle Erregung auswirken. Auch hier gilt: je entspannter, desto besser.

▶ **Wie schlafen zwei Jungs miteinander?**

Jungs können auf ganz unterschiedliche Weise Spaß miteinander haben und sich gegenseitig verwöhnen, oft mit Oralsex oder, wenn sie schon mehr Erfahrung haben und beide es wollen, auch mit Analsex. Dazu dringt der eine mit seinem erigierten Penis in den (vorher gut gesäuberten) After des Partners ein und kann dabei wiederum dessen Penis stimulieren. Hierbei sollte unbedingt ein Kondom getragen werden.

▶ **Wie schlafen zwei Mädchen miteinander?**

Mädchen können sich gegenseitig mit verschiedenen Techniken Lust verschaffen, zum Beispiel mit Oralsex. Setzen sich beide im Scherensitz zueinander, können sie gegenseitig ihre Genitalien aneinanderreiben und erregen, bis sie zum Orgasmus kommen. Lesbische Paare, die schon mehr sexuelle Erfahrung haben, nehmen gerne auch Sexspielzeug zu Hilfe, um das Eindringen zu simulieren.

DAS KONDOM

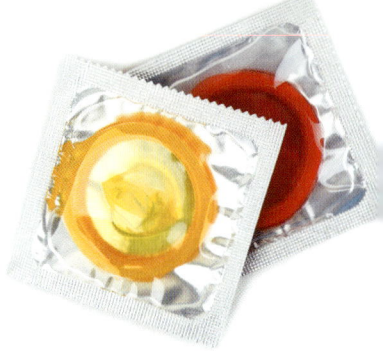

Making love makes Babys! Für Jungs und Männer gibt es nur eine Verhütungsmethode: das Kondom. Es schützt erstens davor, ungewollt Vater zu werden, und zweitens vor sexuell übertragbaren Krankheiten.

Das Kondom ist nach der Pille die am häufigsten verwendete Verhütungsmethode und es sollte IMMER verwendet werden, da es als einzige Methode vor sexuell übertragbaren Krankheiten schützt. **Es besteht aus einer hauchdünnen, reißfesten Latexmembran und wird vor dem Geschlechtsverkehr über den steifen Penis gezogen und abgerollt.**

> Männer, die garantiert keine Kinder mehr zeugen möchten, können sich **STERILISIEREN** lassen. Das ist ein kleiner, meist harmloser Eingriff, bei dem die Samenleiter durchtrennt werden. Bei einer **KASTRATION** werden die Hoden entfernt, was allerdings einen erheblichen Eingriff in den Hormonhaushalt bedeutet.
>
> **INFO**

Der Zipfel am unteren Ende (das Reservoir) fängt die Samenflüssigkeit auf, sodass diese nicht in die Scheide gelangt. Nach dem Samenerguss muss das Kondom beim Herausziehen aus der Scheide festgehalten werden, damit es nicht (vom nicht mehr erregten) Penis abrutscht und doch noch Spermien in die Scheide gelangen. Dadurch, dass die Schleimhäute der Sexualpartner nicht direkt miteinander in Berührung geraten, **schützt das Kondom auch vor sexuell übertragbaren Krankheiten.**

> **COITUS INTERUPTUS** meint unterbrochenen Geschlechtsverkehr. Genauer: Der Junge zieht den Penis kurz vor dem Samenerguss aus der Scheide. Dies ist eine sehr unsichere Verhütungsmethode!
>
> **INFO**

Vorteil: Richtig angewendet, schützt das Kondom vor ungewollter Schwangerschaft und sexuell übertragbaren Krankheiten, es kommt nur bei Bedarf zum Einsatz und besitzt keine Nebenwirkungen.

Nachteil: Die Anwendung bedarf Übung und Sicherheit aller Beteiligten und es muss bereits vor dem ersten Kontakt mit der Scheide übergerollt werden, weil der Penis vor lauter Lust und Erregung bereits schon vor dem eigentlichen Samenerguss Spermien absondern kann. In seltenen Fällen kann es reißen oder abrutschen (siehe „Pille Danach" auf Seite 88). Manche stören sich außerdem am Latexgeruch.

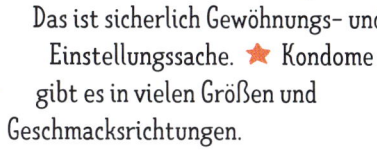

GUT ZU WISSEN:

★ Kondome dürfen nur einmal benutzt werden! ★ Kondome können leicht beschädigt werden durch Aufbewahrungsfehler (niemals im Geldbeutel!), Sonneneinstrahlung oder Fingernägel. ★ Die Kondompackung niemals mit den Zähnen öffnen! ★ Verwendete Kondome gehören in den Restmüll, nicht in die Toilette. ★ Viele behaupten, mit einem Kondom sei es nicht gefühlsecht. Das ist sicherlich Gewöhnungs- und Einstellungssache. ★ Kondome gibt es in vielen Größen und Geschmacksrichtungen.

FORTSETZUNG AUF DER NÄCHSTEN SEITE

SO FUNKTIONIERT'S!

1. Die Kondompackung vorsichtig öffnen.

2. Der Penis muss erregt und steif sein, ggf. die Vorhaut zurückziehen, damit die Eichel frei liegt.

3. An der Spitze des Kondoms den Zipfel (das Reservoir) anfassen und die Luft herausdrücken, damit später Platz für das Sperma ist. Dann das Kondom so auf die Eichel setzen, dass die Rolle außen ist.

4. Jetzt das Kondom über den Schaft abrollen. Darauf achten, dass das Reservoir nicht zu straff über der Eichel sitzt.

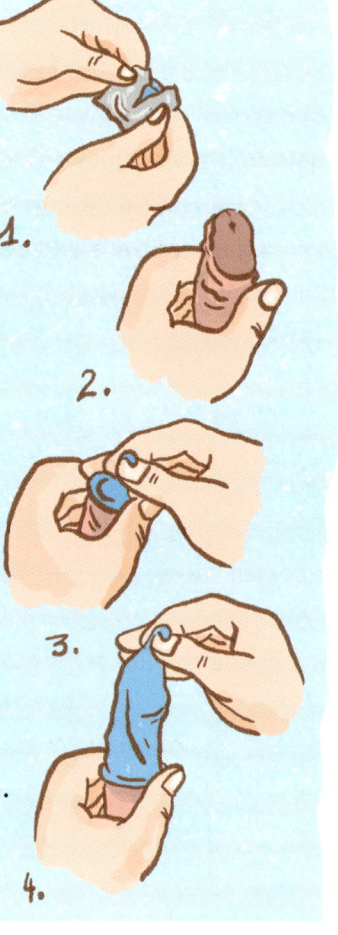

Hat das nicht geklappt oder wurde das Kondom verkehrt herum aufgesetzt, unbedingt ein neues verwenden. Wichtig ist, nach dem Samenerguss nicht zu lange zu warten, bis der Penis schlaff wird und das Kondom abrutscht! Am besten am Penisschaft festhalten und den Penis mitsamt dem Kondom vorsichtig aus der Scheide herausziehen, das können sowohl Junge als auch Mädchen oder beide machen. In ein Stück Klopapier gewickelt, wird das Kondom im Hausmüll entsorgt.

DIE PILLE

Die Pille gilt als die sicherste Verhütungsmethode für Mädchen. Regelmäßig eingenommen, verhindert sie durch entsprechende Hormonabgabe die Reifung einer Eizelle und den Eisprung. Außerdem wird durch die Hormongabe die Gebärmutterschleimhaut nicht so hoch aufgebaut und der Schleimpfropf vor der Gebärmutter bleibt zäh, sodass keine Samenzellen eindringen können.

Andere Verhütungsmethoden für Mädchen sind beispielsweise die Spirale, das Diaphragma oder die Dreimonatsspritze.

Vorteil der Pille sind schönere Haut, geringere Blutung und weniger Regelbeschwerden, **Nachteil** sind mögliche Nebenwirkungen wie Kopfschmerzen, Übelkeit, Thrombosen (vor allem bei Raucherinnen) und Gewichtszunahme. Die Pille hat keine Auswirkung auf die Fruchtbarkeit eines Mädchens und kann jederzeit abgesetzt werden.

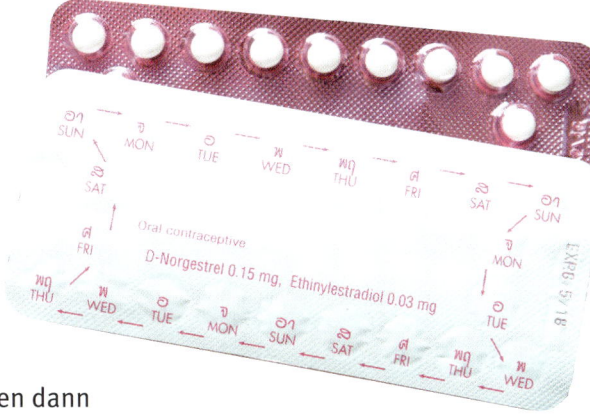

So funktioniert's: Die erste Pille wird am ersten Tag der Monatsblutung eingenommen und dann 20 Tage lang eine; der Verhütungsschutz gilt ab sofort, wobei die Pille **regelmäßig zu einem bestimmten Zeitpunk**t (morgens oder abends) eingenommen werden muss. 7 Tage Pillenpause sorgen dann dafür, dass die Blutung einsetzt, die meist weniger stark ist. Dann startet wieder die Einnahme von 21 Pillen. Auch während der Pillenpause besteht Verhütungsschutz.

FORTSETZUNG AUF DER NÄCHSTEN SEITE

GUT ZU WISSEN:

★ Die Pille zahlt bis zum vollendeten 19. Lebensjahr die Kranken-kasse für das Mädchen. Danach solltest du dich fairerweise daran beteiligen. ★ Bei Erbrechen, Durchfall, Einnahme von Medikamenten oder Vergessen besteht KEIN Verhütungsschutz. ★ Die Pille Danach ist ein Not-fallmedikament und ist in der Apotheke ohne Rezept erhältlich. Sie sorgt durch entsprechend hohe Hormongaben dafür, dass der Eisprung verzögert wird. Selbst die einmalige Einnahme bringt den weiblichen Hormon-haushalt gehörig durcheinander und sorgt für gewisse Neben-wirkungen. Im Notfall natürlich immer noch besser als ungewollt schwanger zu werden.

Bei ungeschütztem Sex gibt es eine Reihe von Krankheiten, die übertragen werden können, egal ob oral, vaginal oder anal, egal ob homo oder hetero. Wichtig ist, sich mit einem Kondom ausreichend zu schützen, vor allem, wenn man wechselnde oder unbekannte Sexualpartner hat, um das Risiko so gering wie möglich zu halten. Noch wichtiger ist es, **bei den ersten Anzeichen und Unsicherheiten sofort zum Arzt zu gehen.** In den allermeisten Fällen sind sexuell übertragbare Krankheiten gut und aussichtsreich behandelbar oder können wie im Fall von HIV oft wenigstens zum Stillstand gebracht werden. Achte grundsätzlich auf gute Körperhygiene, auch bei deinem Sexualpartner.

IM FALL DER FÄLLE

Sollte es trotz aller Verhütungsmaß-
nahmen zu einer ungewollten
Schwangerschaft kommen, gilt es
Folgendes zu wissen und zu beachten:

★ **Schwangerschaftsabbrüche** bis zur 12. Schwangerschaftswoche
sind in Deutschland laut § 218 rechtswidrig, aber nicht strafbar, wenn
sich die Schwangere zuvor in einer Schwangerschaftskonfliktberatungs-
stelle hat beraten zu lassen.

★ **Reden hilft:** Ob Freundin, Eltern, Arzt. Auch Beratungsstellen wie
Profamilia oder Caritas helfen garantiert weiter, zunächst auch unter
Schweigepflicht.

★ **Und:** Bitte keine Vorwürfe, jetzt gilt es eine gute Entscheidung für
die Zukunft zu treffen.

★ **Gut zu wissen:** Bei Minderjährigen müssen die Eltern Unterhalt für das
Baby zahlen, später dann der Junge, ggf. springt auch das Jugendamt ein.

SO ENTSTEHT EIN BABY

Die Natur hat es so eingerichtet, dass Mädchen schwanger werden können. Deshalb ist Verhütung sehr wichtig, solange ein Paar keine Kinder zeugen möchte. **Sobald ein Mädchen seine Periode bekommt, ist es fruchtbar und kann schwanger werden.** Die Eierstöcke produzieren in regelmäßigen Abständen, etwa alle vier Wochen, ein befruchtungsfähiges Ei. Die weibliche Eizelle ist dann etwa 6–24 Stunden befruchtungsfähig, die männlichen Samenzellen dagegen können bis zu 5 Tage befruchtungsfähig sein. Es kann also durchaus passieren, dass ein Mädchen vor oder nach dem Eisprung schwanger werden kann, wenn das Paar nicht verhütet (mehr über Verhütung ab Seite 86).

Beim männlichen Samenerguss schießen rund 200 Millionen Samenzellen aus dem Penis in die Scheide, gelangen in die Gebärmutter und wandern weiter Richtung Eileiter. Normalerweise ist der Eingang zur Gebärmutter mit einem Schleimpfropf verschlossen, um sie vor Keimen und Infektionen zu schützen. Zur Zeit des Eisprungs verflüssigt sich der Zervikalschleim, sodass die Spermien ungehindert hindurchschwimmen können, nur etwa 500 schaffen das. **Die schnellste Samenzelle gewinnt.** Sie dockt sozusagen an der Eizelle an, dringt ein – und beide Zellen verschmelzen zu einer neuen Einheit mit sowohl mütterlichen als auch väterlichen Erbinformationen.

Die Entwicklungsstadien der Eizelle im Eierstock und der Weg der befruchteten Eizelle, bis sich diese als Embryo in der Gebärmutterwand einnistet.

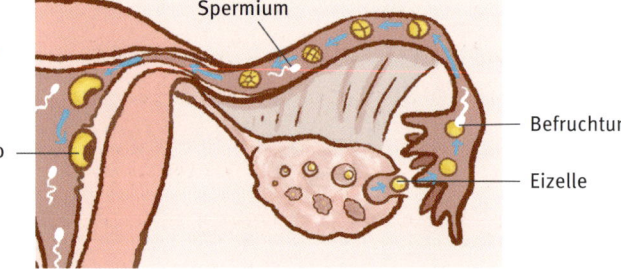

Spermium

Embryo

Befruchtung

Eizelle

Dank der Hormone (Östrogen und Progesteron) stellt sich nun die Gebärmutter auf eine Schwangerschaft ein, während die befruchtete Eizelle etwa fünf Tage braucht, um vom Eierstock in die Gebärmutter zu gelangen, und sich dort einnistet. Entsprechende Hormone sorgen jetzt dafür, dass die vorher aufgebaute Schleimhaut nicht abgestoßen wird (die Periode bleibt aus). Diese Hormone sind im Urin ungefähr zwei Tage nach Ausbleiben der Regel mit einem Schwangerschaftstest messbar.

SO ENTWICKELT SICH DAS BABY IM BAUCH:

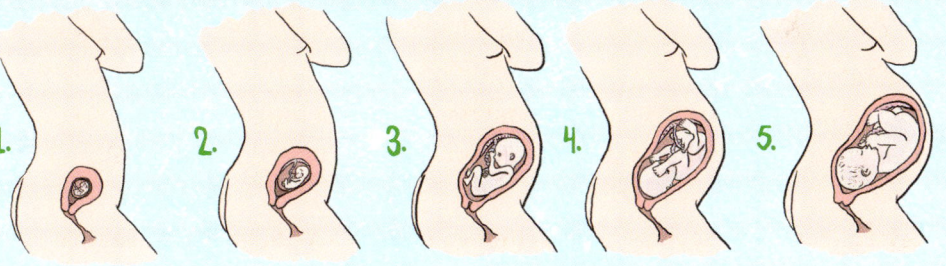

1. Im 1. Monat teilt sich die befruchtete Eizelle, wandert in die Gebärmutter und nistet sich dort ein. Es ist etwa stecknadelkopfgroß.

2. Bis zum 3. Monat entwickelt der Embryo seine Organe, Arme und Beine, Nase und Ohren.

3. Bis zum 5. Monat wachsen Augenbrauen und Haare, man kann im Ultraschall das Geschlecht erkennen.

4. Bis zum 7. Monat entwickeln sich sämtliche Organe und das Gehirn in einem rasanten Tempo weiter, das Baby kann die Augen öffnen.

5. Bis zum 9. Monat wächst und wächst das Baby, bis es reif und groß genug ist, um das Licht der Welt zu erblicken.

SCHON ZU ENDE?

Jetzt geht's erst richtig los!
Ein Junge zu sein, ein Mann zu werden, das ist heute eine ganz schöne
Herausforderung – und großartig
zugleich. Du kannst entscheiden,
welcher Mann von morgen du sein
möchtest, denn zum Glück hat sich
da in den letzten Jahren einiges
geändert ... Heute kannst du dir aussuchen, ob
du Karriere in einer großen Firma machst oder lieber Tischler wirst und
deine eigenen Angestellten unter dir hast, ob du Tänzer wirst oder Sekretär
oder Krankenpfleger, Fitnesscoach oder Lehrer, ob du dich gegen die über-
steigerten Männlichkeitsbilder der Werbung wehrst oder lieber Action-
Duschgel und Grillfleisch für „echte" Kerle kaufst. Mach dein Ding! Und
wenn du willst, findest du eines Tages eine Partnerin, die gleichberechtigt
auf Augenhöhe mit dir eine Familie gründet.

**Jungs von heute steht die Welt offen, es gibt immer weniger festgefügte
Rollenmuster.** Sie dürfen weinen, toben, Erster sein, aber auch Schwäche
und Gefühle zeigen. Und sie können wählen, ob sie sich ganz auf ihre
Karriere konzentrieren oder lieber ein Vater sein möchten, der Elternzeit
nimmt und für seine Kinder da ist.

**Glückwunsch, jetzt hast du (fast) alles an Bord, was du brauchst, um deinen
Weg zu gehen!** Und im Zweifelsfall kannst du hier immer wieder reinblättern
und nachlesen ...

Wie war das mit den „feuchten Träumen"?
Wie funktioniert das mit dem Kondom? Wie
rasiere ich mich richtig? Und warum gibt es
manchmal dieses schreckliche Chaos der Gefühle?! Vielleicht machst du dir
auch deine ganz persönlichen Notizen, wie in einem Tagebuch …

Auf alle Fälle soll dich dieses Buch ermutigen, deinen Weg zu gehen! Frei,
mutig und entschlossen. Unbeirrt von Rollenklischees und gesellschaftlichen
Erwartungen, die von klein auf an dich herangetragen werden. **Du bist du,
einer wie keiner, wunderbar gemacht und garantiert richtig, egal, wer, wie
und was du bist.** Und das allerwichtigste: Du bist nicht alleine! Alle Jungs
auf der Welt sind wie du. Nur anders.

All the best,

REGISTER

Baby 6, 25, 75, 84, 89–91
Bart/-haare /-wuchs 6, 10, 17, 18, 58, 65
Beschneidung 22
Brüste 8, 25, 65, 68, 75

Deo 19

Eichel 22, 23, 68, 69, 72, 82, 86
Eierstock 8, 25, 26, 65, 72, 90, 91
Eileiter 26, 90
Eizelle 25, 71, 87, 90, 91
Eltern 30, 32, 42, 44–47, 52, 78, 89
Erektion 69–71
Ernährung 12, 13, 73

Feuchte Träume 70
Freund/Freundschaft 30, 34–37, 44, 46, 47, 52, 53, 58, 63–65, 74, 78, 89

Gebärmutter 25, 26, 87, 90, 91
Gefühle 7, 25, 30, 32, 34, 36, 37, 42, 50–52, 54, 58, 60, 64, 74, 78
Gehirn 7, 13, 25, 55, 72
Gender/Geschlecht 62–65, 91
Genitalien/Geschlechtsmerkmal/-organ 6, 8, 22, 25, 26, 64, 74, 76, 80, 83
Geschlechtsreife/geschlechtsreif 20, 25, 70
Geschlechtsverkehr 16, 74, 80, 81, 84
Geschlechtskrankheit 82
Geschwister 33, 52, 78
Gesellschaft 30, 52, 58, 60, 61, 68, 93
Gesundheit/gesund 8, 19, 76

Haare (Behaarung) 6, 15–18, 25, 58, 59, 65, 91
Haut 14–16, 18, 19, 23, 59, 78, 82, 87
hetero-/homosexuell 58, 59, 88
Hoden/-sack 6, 22, 23, 65, 70–72, 84
Hormon/hormonell 6, 8, 14, 19, 21, 25, 38, 39, 58, 65, 75, 84, 87, 88, 91

Identität 60, 61

Jungfernhaut 82

Klitoris/-eichel/-vorhaut 26, 27, 82
Kondom 82–86, 88
Körper/körperlich 6–12, 16, 19, 21, 23–26, 30, 32, 37, 39, 40, 51, 52, 57–59, 61, 62, 64, 68, 71, 73–76, 78, 80, 81, 88
Kuss/küssen 57, 58, 59, 80, 82

Laune 7, 8, 38, 39
lesbisch 62, 63, 83
Liebe 51, 54, 55, 60, 62, 81

Mädchen 6, 8, 25–27, 30, 31, 34, 36, 37, 51, 54, 58–60, 68, 70, 71, 74–76, 79–83, 86, 87, 88, 90
Medien 39, 41, 45–47
Mobbing 44, 45
Muskeln 6, 10, 11, 39, 77
Mutter/mütterlich 33, 52, 77

Neinsagen 58, 78, 79

Östrogen 8, 25, 91
online 44, 46, 47, 75
Orgasmus 72 –74, 76, 81–83

Penis 6, 16, 22, 23, 26, 27, 37, 39, 65,
    68–72, 76, 78–86, 90
Pickel 14, 39, 71
Pille 84, 85, 87, 88
Periode 26, 70, 90, 91
Pubertät 6, 7, 8, 14–16, 19–22, 24, 25,
    32, 37, 71

Rasur/rasieren 17, 18, 56

Samen/-erguss 23, 26, 70–73, 83–86, 90
Samenzelle 23, 72, 73, 87, 90
Schamlippen 27
Scheide (Vagina/Vulva) 26, 27, 65, 77,
    80–86, 90
Schlaf/schlafen (miteinander) 8, 19, 46,
    70, 81–83
Schwangerschaft/schwanger 85, 88–91
Schweiß/schwitzen 16, 19, 20
schwul 62, 63
Samenleiter 23, 84
Selbstbestimmung/-bewusstsein/
    -vertrauen 10, 33, 38, 39, 41, 45, 51, 53
Selbstbefriedigung (Onanieren) 76
Sex/sexuell 6, 8, 16, 22, 26, 62–65, 69,
    71, 72, 74–76, 79, 80, 81, 83
Sexuelle Orientierung 37, 60, 63, 65
Sexuelle Belästigung/Sexueller Miss-
    brauch 78, 79

Sperma/Spermium 26, 71–73, 77, 83, 86,
    90
Sport 10, 11, 13, 19, 24, 33, 35, 40, 46, 50
Stärken/stark (Talente) 7, 9, 12, 18, 31
Streit 34, 36, 41–43
Stress/stressig 14, 19, 42, 76, 83

Testosteron 6–8, 10
Transgender 64, 65

Vater/väterlich 9, 32, 33, 38, 50, 51, 84,
    90
Verhütung 84, 87, 88, 89, 90
Vorhaut 22, 23, 72, 86

Wut/wütend 52, 53

Bildnachweis

© stock.adobe.com: S. 2 u. Valerii Honcharuk; S. 3 STUDIO GRAND WEB; S. 4 neirfy; S. 5 l. Delphotostock; S. 5 r. Monkey Business; S. 11 ulianna19970; S. 13 o. valiza14; S. 13 M. l. cut; S. 13 M. r. Swapan; S. 13 u. l. Africa Studio; S. 13 u. M. lantapix; S. 13 u. r. Markus Mainka; S. 14 o. nat2851terry; S. 14 u. soupstock; S. 17 mariesacha; S. 18 JAYANNPO; S. 19 PhotoSG; S. 20 Ljupco Smokovski; S. 25 Markus Mainka; S. 27 Syda Productions; S. 31 pathdoc; S. 32 u. Wayhome Studio; S. 34 grafikplusfoto; S. 35 o. contrastwerkstatt; S. 35 u. l. V&P Photo Studio; S. 35 u. r. ehrenberg-bilder; S. 36 o. prudkov; S. 38 Viewpoint; S. 40 W. Heiber Foto-studio; S. 43 valiza14; S. 45 l. javitrapero.com; S. 45 r. Roman Bodnarchuk; S. 46 carballo; S. 53 pathdoc; S. 55 Raisa Kanareva; S. 56 Syda Productions; S. 58 StockPhotoPro; S. 59 Vasiliy; S. 61 michaeljung; S. 62 o. Luis Louro; S. 62 u. Rawpixel.com; S. 63 dusica69; S. 67 Victoria M; S. 72 o. goldencow_images; S. 72 u. Torsten Pursche; S. 76 Blend Images; S. 78 o. charnsitr; S. 81 Vasyl; S. 84 pioneer111; S. 85 Cookie Studio; S. 87 bohbeh; S. 89 o. Stepan Popov; S. 90 Tomsickova; S. 92 Monkey Business; S. 93 luaeva

© premier.shutterstock.com: S. 2 o. Thongchai S; S. 6 Peshkova; S. 9 Albina Glisic; S. 10 Rawpixel.com; S. 15 Ben Gingell; S. 28 o. ads861; S. 28 u. YAKOBCHUK VIACHESLAV; S. 29 TRAIMAK; S. 32 o. CokaPoka; S. 33 Natasha Argors: S. 36 u. wavebreakmedia; S. 39 AJP; S. 48 l. VH-studio; S. 48 r. Lapina; S. 49 4Max; S. 50 AJP; S. 60 Chuleeporn; S. 66 o. Mikhail_Kayl; S. 66 u. Pixel-Shot; S. 68 o. Vernon_Joyce; S. 68 u. AZI-RULL AMIN ARIPIN; S. 69 Anastasiya Tsiasemnikava; S. 75 Rynio Productions; S. 78 u. rav singh photography; S. 82 Rawpixel.com; S. 83 UfaBizPhoto; S. 88 little star; S. 89 u. Barabasa

Abkürzungen:
o. = oben; u. = unten; l. = links; r. = rechts; M. = Mitte

Weitere Informationen zum Kinder- und Jugendbuchprogramm der S. Fischer Verlage finden sich auf www.fischerverlage.de

Erschienen bei FISCHER Sauerländer

© 2019 S. Fischer Verlag GmbH,
Hedderichstr. 114, D-60596 Frankfurt am Main
Alle Rechte vorbehalten.

Kinderärztliche Fachberatung: Dr. med. Friedrich Reichert – Facharzt für Kinder- und Jugendmedizin

Umschlaggestaltung, Layout und Satz: Dagmar Herrmann für two-up, Düsseldorf, unter Verwendung der Illustrationen von Barbara Jung

Druck und Bindung: Christian Theiss GmbH, St. Stefan im Lavanttal
Printed in Austria

ISBN 978-3-7373-5657-2